우리 모두의 채식

우리 모두의 채식

초판 1쇄 발행 2023년 9월 9일

지은이 홍승권

책임편집 윤소연 **표지** 유어텍스트
마케팅 임동건 **마케팅지원** 안보라 **경영지원** 이지원

펴낸곳 파지트 **펴낸이** 최익성
출판총괄 송준기 **출판등록** 제2021-000049호

주소 경기도 화성시 동탄원천로 354-28 | **전화** 070-7672-1001
이메일 pazit.book@gmail.com | **인스타** @pazit.book

ISBN 979-11-92381-74-9 03300

THE STORY FILLS YOU
책으로 펴내고 싶은 이야기가 있다면, 원고를 메일로 보내주세요.
파지트는 당신의 이야기를 기다리고 있습니다.

우리 모두의 채식

비건이 아니어도 괜찮아

홍승권 지음

pazit

프롤로그

'채식은 즐겁다.' 제가 그동안 채식을 즐기면서 내린 결론입니다. 처음 채식을 시작할 때, 채식이 무엇인지도 모르고 독학하듯 공부하며 채식을 했습니다. 막상 해 보니 채소에 대해 몰랐던 영양학적 사실도 많이 알게 됐고, 채소에 관심을 갖게 되니 채식을 하기 전보다 먹고 즐길 만한 음식들이 다양해지고 많아졌습니다. 물론 살도 아주 많이 빠졌습니다. 아, 뿐만 아니라 요리 실력이 많이 늘었습니다. 가끔 제가 음식 자판기가 된 듯한 느낌이 들어 기분이 좋습니다. 언제든지 먹고 싶은 음식을 마음대로 만들어 즐길 수 있으니까요. 모두 채식 덕분입니다.

마치 제 자랑하듯 이렇게 두서없이 이야기를 늘어놓았지만, 제가 특별히 노력했다기보다는 본래 채소는 맛있고 건강한 음식이기 때문에 큰 노력 없이도 즐길 수 있었던 것뿐입니다. 그렇기 때문에 여러분도 채식을 잘 즐길 수 있을 거라 생각합니다. 채식에 대해 전혀 몰랐던 저도 그 맛과 매력에 빠져서 지금까지 채식을 하고 있으니까요. 먹어도 질리지 않는 천연의 맛은 누구도 흉내 낼 수 없는 완벽한 맛이 아닐까 생각해 봅니다.

채식에 관한 개인적인 이야기를 하고자 합니다. 저는 처음 채식을 시작할 때, 굉장히 엄격한 기준을 갖고 시작했습니다. 그러다 보니 현실적으로 채식을 하면서 겪게 되는 여러 문제들에 직면하기도 했습니다. 치팅 같은 일이 그렇습니다. 치팅을 하면서 죄책감을 느껴 보기도 하고 위선적인 제 모습을 스스로 안쓰러워했습니다. 그러나 문제들을 하나씩 풀어가면서 점차 저만의 채식 노하우를 쌓게 됐습니다. 치팅은 어떻게 극복할 수 있는지, 채식을 할 때 필요한 마음가짐은 무엇인지, 왜 우리는 그토록 동물성 음식을 원하는지, 채식을 어떤 관점에서 접근하면 좋을지 등 스스로 답을 찾고 실제로 적용하며 채식을 해 왔습니다. 결과적으로 저는 현재 채식에 대해 만족하고 있지만 채식에 대한 실제적이고 구체적인 정보를 미리 알고 있었다면 조금 더 쉽게 지금까지 올 수 있지 않았을까 하는 아쉬움이 남습니다.

그래서 처음 채식을 시작하는 분들을 위해 채식에 필요한 이야기를 이 책에 담았습니다. 채식이라는 목적지에 가 본 적 없지만, 책을 읽은 후엔 마치 그곳에 미리 가 본 것 같은 느낌이 들었으면 좋겠고, 조금 더 욕심을 부리자면 '채식, 그거 별거 아니구나' 하는 생각도 자연스럽게 들었으면 좋겠습니다. 채식이 필요한 곳이라면 어느 곳에서든지 여러분을 만나고 싶습니다. 채식의 즐거움을 함께 나누고 싶기 때문입니다.

저는 6년 전 학원을 그만두면서, 마음속으로 작가가 되어야겠다는 생각을 했습니다. 이제 시작이지만, 그 꿈을 이룰 수 있게 도와 준 출판사 파지트에 감사드립니다. 마지막으로 끊임없는 지지와 격려 그리고 애정으로 출판을 독려해 준 가족, 특히 아내에게 고맙다는 말을 전합니다.

이제 누구도 이야기해 주지 않았던, '진짜' 채식 이야기를 시작합니다.

목차

Chapter 4 : 실패하고 극복하다

Chapter 5 : 채식 인문학

Chapter 1

시작하다

채식의 시작은 바로 '나'

채식, 어떻게 시작할까 : 채식을 위한 동기부여

채식을 시작하는 이유는 저마다 다르다. 내가 아는 분은 미디어를 통해 공장식 사육시설의 폐해를 보고 채식을 시작했다. 이후 채식을 공부하면서 채식이 동물권을 보호하는 데 도움이 될 뿐만 아니라 건강에도 이롭다는 것을 깨달았다고 했다. 이렇게 윤리적인 목적으로 채식을 시작한 사람들이 있는가 하면 건강 때문에 채식을 시작하는 사람도 있다. 배우 임수정 씨는 동물성 단백질이 몸에 맞지 않아 건강에 이상이 생겨 채식을 시작하게 됐다고 한다. 독특한 이력으로 채식을 하고 있는 사람도 있다. 방송인 김제동 씨이다. 그는 한 인터뷰에서 "어릴 때 집에서 기르는 가축들을 잡는 장면을 많이 봤고 또 고기를 굽다가 크게 데인 적이 있어 고기를 먹지 않는다"고 했다. 물론 스스로를 채식주의자라고 부르지는 않지만, 독특하게도 과거에 겪은 일에 대한 트라우마로 고기를 먹지 않는다는 사실이 눈에 띈다. 자신의 일이나 정체성 때문에 채식을 하게 된 경우도 있었다. 과거 김제동 씨가 진행했던 프로그램에 출연한 한 방청객은 축산학을 전공하며 채식주의자가 됐다고 털어놓았다.

다른 누구도 아닌 오직 나를 위한

많은 사람들이 다양한 이유로 채식을 하고 있다. 그러나 도덕적 명분이나 타의에 의해 등 떠밀려 어쩔 수 없이 채식을 하게 되면 결국 현실적인 문제에 부딪혀 채식을 이어나가지 못하게 된다. 스스로에게 질문해야 한다. '나에게 채식의 가치는 무엇인가.' 그 가치는 채식을 지속할 수 있는 삶의 의미가 되어 준다. 다소 거창하게 들릴 수 있지만, 사소한 일이라도 의미가 부여되지 않은 일에는 재미와 즐거움을 느낄 수 없다. 채식의 시작이 어떠하든 상관 없지만, 반드시 자신에게 의미 있는 채식이 돼야 한다.

나에게 그 가치는 바로 '건강'이다. '기후위기 때문에 채식을 하지 않아도 되나요' '윤리적인 목적을 위해서 채식을 하지 않으면 채식은 어떤 의미를 갖나요' 등의 궁금증이 생기겠지만, 채식은 그 자체가 목적과 수단을 수반한다. 채식을 하는 그 자체만으로도 다양한 효과를 내기 때문에 일단 시작하면 우리가 채식을 통해 원하는 바를 얻게 된다는 의미이다. 핵심은 채식이 피부에 와닿아야 한다는 것이다. 채식에 대한 필요성을 느끼는 동시에 내가 하고 싶어서, 내가 원해서 채식을 자발적으로 할 수 있도록 늘 동기부여가 돼야 한다. 그렇게 하도록 만드는 가치, 그것이 바로 '건강'이라고 생각한다.

채식에서 건강의 가치를 내세운다면, 육식을 하고 싶어도 하지 못해 안타까워하는 자신이 아닌, 자신을 위해 육식을 거부하는 주체적인 존재로서의 당당한 자신을 발견하게 될 것이다. **내가 없는 채식은 희생이다. 나를 위해 채식을 하자. 그것이 채식의 원동력이다.**

'윤리적인 비건'과 '건강을 위한 채식'

윤리적인 비건 식단과 건강을 위한 채식 식단은 동물성 음식을 전혀 섭취하지 않는다는 점에서는 같지만, 분명한 차이가 있다. 대표적으로 가공 식품의 섭취 여부이다. 윤리적 비건에게 음식 선택의 기준은 '그 음식이 동물에게서 나온 것이냐 아니냐'가 핵심이지만, 건강을 위한 채식을 하는 입장에서 음식을 선택하는 기준은 '그것이 자연에서 얻은 음식으로써 건강에 도움이 되느냐 아니냐'이다. 예를 들어, 비건은 콩고기 같은 식물성 제품을 먹을 수 있지만, 건강을 위한 채식 식단에서는 되도록이면 먹지 않는다. 채식 가공 식품 역시 윤리적으로 위배되지 않을 뿐, 사실상 영양소는 낮고 칼로리는 높은 보통의 가공 식품이다. 채식을 하는 사람들 중에서 채식 가공 식품만을 주로 섭취하는 사람들을 '정크비건'이라고도 부른다. 이 말에는 채식을 한다고 하면서 자신의 건강을 등한시하는 태도를 지적하고 우려하는 시선이 존재한다.

우리가 기억해야 할 채식의 핵심은 어떤 목적으로 채식을 시작하든 채식의 기본 바탕은 '식습관'이라는 사실이다. 우리가 설정한 채식의 목적이 너무 큰 나머지 식습관이라는 중요성이 가려져, 우리의 관심에서 멀어졌을 뿐이다. 사실 우리는 식습관을 바탕으로 채식을 하면서 서로 다른 채식의 목적을 달성하는 것이다.

그래서 우리는 건강을 위한 식습관에 관심을 가져야 한다. 채식으로 어떤 목적을 달성하든지 꾸준한 채식의 실천이 바탕이 되어야 하는데, 건강은 채식을 지속할 수 있는 꾸준함에 대한 동기부여가 된다. 물론, 음식으로만 건강을 완벽하게 지키는 것은 어렵지만, 좋은 식습관은 건강을 지키는 필수 조건이다. 좋은 식습관의 핵심은 '무엇을 먹느냐'이다. 어떤 음식이 우리 몸에 이로운지 늘 따지고 인식해야 한다. 최대한 자연에서 직접 얻은 음식을 먹고 가공 식품은 줄이는 게 옳다. 채식은 음식을 먹는 일이다. 그렇기 때문에 '건강을 위한 채식'은 어쩌면 여러 목적을 가진 모든 채식의 바탕이 되는 채식의 기본 전략이 되지 않을까 생각해 본다.

채식은 당신의 생각을 바꾼다

내가 건강을 위한 채식을 권하는 이유는, 우리 몸에 긍정적인 영향을 끼칠 뿐만 아니라, 채식을 꾸준히 할 수 있는 동기부여가 되어 주기 때문이다. 물론 건강을 위한 수단으로 채식을 바라보는 것은 근시안적인 관점이다. 그러나 건강에 초점을 맞추고 실천하는 채식 과정에는 놀라운 변화가 따라온다. **바로 몸의 변화를 통해 의식이 전환되는 내적인 혁명이 일어난다는 점이다.** 건강을 목적으로 채식을 시작하면 규칙적이고 꾸준한 식사 습관을 기를 수밖에 없다. 식사는 입맛을 바꾸고 건강을 지키는 가장 좋은 방법이기 때문이다. 자연에서 얻은 음식으로 채워진 밥상은 우리 몸을 건강한 상태로 바꾼다. 우리 몸에 일어난 좋은 변화는 자연에서 얻은 음식이 옳다는 의식을 갖게 하고 동시에 자연에 대한 관심으로 발전한다.

자연에 대한 관심은 환경 문제로 이어지기도 하고 함께 살아가는 이 땅의 모든 생명들에 대한 관심으로 이어질 수도 있다. 그래서 자연환경과 생명에 관한 문제는 내가 피부로 느끼는 현실적인 문제가 된다. 경험만큼 행동을 변화시킬 수 있는 효과적인 깨달음은 없다. 건강은 곧 생존과 직결되는 문제이기 때문이다. 생존을 위해 자연으로부터 음식물을 공급받아야만 하는 인간이 자연을 걱정하고 지키려는 태도를 갖는 것은 당연하다. 자연이 살아야 인간도 살 수 있다.

어떻게 하면 사람들이 환경 문제에 관심을 갖고 채식을 할 수 있는지에 대한 답은 환경 문제가 우리 가족의 생존에 직접적인 위협이 된다고 느끼는 데 있다. 건강하게 살고 싶다는 욕망이 우리의 시선을 자연으로 향하게 할 것이다. 그리고 채식을 하는 우리는 자연 안에 있고 자연을 벗어나서는 살 수 없다는 사실을 비로소 알게 된다. 채식은 장소와 시간에 구애받지 않고 자연을 가장 가까이에서 느끼고 자연에서 벌어지는 일들을 깨달을 수 있게 해 주는 소중한 연결고리이다.

건강을 위한 채식 위에 윤리적 소비를 세우다

채식을 하면서 자연스럽게 환경보호에 대한 필요성이 피부로 느껴졌다. 나는 늘 집에서 음식을 만들어 먹기 때문에 장을 자주 보러 다녔는데, 이것이 계기가 됐다. 적은 양의 채소를 사더라도 비닐 포장지가 항상 딸려 왔고, 집에 쌓여 가는 포장지의 양은 우리 집 쓰레기에서 가장 많은 비중을 차지하고 있었다. 이렇게 채소를 싸고 있는 포장지는 폴리염화비닐PVC 혹은 폴리에틸렌PE이라고 하는 플라스틱 물질을 필름 형태로 가공한 것으로, 안타깝게도 이 비닐은 대부분 재활용이 불가능하고 소각을 통해서만 처리된다. (참고로 비닐은 폴리염화비닐을 줄인 말이다.) 또한 플라스틱은 그 사용 범위가 광범위해서 모르고 사용하는 경우가 많은데, 티백의 경우 언뜻 보기엔 면으로 되어 있는 것 같지만 플라스틱이며, 식당의 일회용 물티슈 역시 플라스틱으로 만들어진 것이다.

플라스틱의 완전한 재사용을 위한 이른바 '닫힌고리 순환'을 만들기 위해서는 우리가 사용하는 플라스틱이 여러 조건에 부합해야 하는데 현실적으로 거의 불가능에 가깝다. 현재 재사용이 가능한 플라스틱은 완전히 세척되어 이물질 없이 수거되는 PET뿐이다. 이외의 플라스틱은 소각 또는 매립될 뿐이다. 어쨌든 매번 채소를 구매하며 재활용이 불가능한 플라스틱 포장재를 소비하는 나는 아이러니하게도 환경을 병들게 하는 가해자이자 그 피해를 고스란히 입고 있는 피해자인 것이다.

그래서 나는 답답한 심경으로 최대한 할 수 있는 범위 내에서 윤리적 소비를 실천하고자 노력한다. 윤리적 소비는 인간과 동물, 자연환경에 대한 착취나 해를 가하지 않는 상품 또는 건강한 삶에 도움을 주는 상품을 구매하는 소비 활동이다. 예를 들어, 되도록 유기농 · 무농약 같은 친환경 농산물을 구매한다(환경보호). 수입 과일보다는 국내산 과일을 사고, 배달보다는 직접 가까운 로컬푸드 매장을 찾아 필요한 만큼만 구매한다(탄소 배출 줄이기, 에너지 절약). 특별히 온라인에서 배달을 시켜야 할 경우에는 반드시 다회용 택배 박스를 이용하며(재활용), 물티슈 사용을 최대한 줄이고 면 행주나 걸레를 사용한다(환경보호). 아이들 교육에 있어서는 함께 장을 보면서 건강과 환경에 좋은 물건을 구하는 법을 가르치기도 하고 환경 관련 책을 아이들과 함께 보며 종종 이야기를 나눈다.

내 안에 채식은 다양한 색깔로 존재한다. 건강을 위한 주황색, 비건을 위한 빨간색, 환경을 위한 초록색으로, 한마디로 정의할 수 없는 채식의 형태지만 정의 따위는 별로 중요하지 않다. 내가 실천하고 있는 채식이 나뿐만 아니라 세상을 건강하게 하는 데 도움이 된다는 점만이 중요하다. 내게 채식은 음식을 넘어 세상을 바꿀 희망 그 자체다.

우리는 서로 다른 이유로 채식을 시작하지만, 결국 '환경을 지키는 일'이라는 길에서 만나게 된다. 윤리적인 목적으로 채식을 시작해도 공장식 축산 시설과 대량 사육을 위해 울창한 밀림을 밀어내는 과정이 환경에 미치는 부정적인 영향을 절감하게 된다. 그리고 건강을 목적으로 채식을 해도 기후 변화가 농산물 생산에 미치는 영향과 채소 재배 과정에서 발생할 수 있는 환경 오염에 대한 심각성을 인식하게 된다. 어떤 목적으로 채식을 시작해도 우리는 자연을 생각할 수밖에 없다. 마치 여러 갈래의 물줄기가 거대한 바다로 흘러 들어가듯 채식도 그렇게 하나의 목표를 향해 지속된다. 자연에 의지하며 살아가는 우리는 자연과 연결되어 있기 때문이다.

채식에는 다양한 종류가 있지만, 어떤 종류의 채식도 괜찮다. 모두 완벽한 비건이 될 필요도 없다. 비건으로서 매일 채식을 할 수 있으면 좋겠지만, 그러지 않아도 된다. 중요한 것은 채식을 실천하는 그 자체다. 코로나19로 인해 봉쇄 조치가 이뤄졌을 때, 우리는 도무지 나아질 것 같지 않았던 대기질이 개선되는 현상을 목격했다. 강제적으로 이뤄진 조치

였지만, 인간이 노력하면 환경 문제도 해결할 수 있다는 희망과 가능성을 엿본 것이다. 여전히 우리에게는 희망이 있다. 서로 다른 목적과 이유로 채식을 하지만 그것이 한데 모여 자연을 지키고 보호하고자 하는 무지개를 만들고 있기 때문이다.

나의 채식 이야기

먹는 것을 멈추자 행복해졌다

나는 학원 강사였다. 하루도 빼놓지 않고 일할 수밖에 없는 업무 환경이었다. 그렇게 6년이 흘렀고, 번아웃이 왔다. 돈을 더 많이 벌기 위해 시간과 노력을 쏟아부었지만, 몸이 먼저 망가졌다. 업무에서 오는 스트레스와 이런 생활을 지속할 수 없다는 자괴감으로 매일 화가 치밀어 올랐다. 심지어 먹는 것도 무의미해졌다. 삶의 의미를 느끼지 못하는데, 식욕이 당기는 내 모습이 혐오스럽게 느껴져, 최소한으로만 먹기 위해 '간헐적 단식'을 시작했다. 간헐적 단식은 의외로 간단했다. 오전에 한 끼만 먹고, 하루 종일 물 외엔 아무것도 먹지 않으면 되는 단순한 식습관이었다.

평소보다 적은 식사량 때문에 약간의 허기가 느껴졌지만, 견딜 만했다. 시간이 지나면서 점차 몸에 변화가 생기기 시작했다. 늘 화가 나 있던 기분이 좋아지고 동시에 몸이 가벼워지는 듯한 느낌이 들었다. 허기는 여전히 그대로였지만, 긍정적으로 바뀌는 기분과 몸 상태가 계속 이어졌기에 약간의 배고픔은 신경 쓰이지 않았다. 평소보다 업무 처리는 능률적이었고 집중력도 향상돼서 한번 자리에 앉으면 시간 가는 줄 몰랐다.

채식을 결심하다

어느 날, 아내가 『맥두걸 박사의 자연식물식』사이몬북스, 2019이라는 책을 건네면서, 자연식물식을 함께해 보자고 권했다. 평소 고기 먹는 것을 불편하게 생각하고 있었던 아내가 자연식물식으로 건강해진 동료 이야기에 귀가 솔깃했던 모양이다. 아내의 제안을 나는 흔쾌히 받아들였다.

자연식물식은 전 미국 대통령 클린턴의 자문의를 지낸 의학 박사 존 맥두걸이 주창한 식단이다. 그는 육류와 유제품 그리고 가공 식품이 건강에 미치는 유해성을 널리 알리면서, 녹말 음식을 중심으로 식단을 구성하고 동물성 음식뿐만 아니라 식물성 오일조차 완전히 배제하는 '자연식물식'을 고안했다. 자연식물식은 동물성 음식을 완전히 배제한다는 점에서 비건과 동일하지만, 목적이 다르기 때문에 윤리적인 목적을 지닌 채식주의 식단에는 포함되지 않는다. 자연식물식은 오직 건강을 위해 고안된 식단이다.

모든 것은 타이밍일까. 나는 간헐적 단식을 통해 나타나는 긍정적인 효과를 체험했기 때문에 무엇을 먹고, 먹지 않는지는 그렇게 중요하지 않았다. 음식은 오직 생존을 위한 도구로써 필요한 정도만 먹으면 된다는 생각뿐이었다.

건강을 위한 채식을 해 보니

당시 나는 채식에 대해 아는 바가 전혀 없어, 식습관을 바꾼다는 것이 얼마나 어렵고, 개인에게 어떤 의미를 갖는지 가늠조차 할 수 없었다. 그냥 의지만 있으면 되겠다는 단순한 생각으로 '어떻게든 채식으로 식사 떼우기' 딱 그 정도만 생각하고 채식을 시작했다.

그래도 나는 운이 좋았던 것 같다. 건강을 목적으로 채식을 시작했기 때문에 초기부터 적극적으로 채식의 영양을 공부하면서 어려움 없이 채식을 실천할 수 있었다. 만약 건강을 위해 채식을 시작하지 않았다면 어땠을까. 말 그대로 채소만 먹고 살아야 하는데, 어떤 음식을 주식으로 삼아야 할지, 채식만 해도 정말 영양이 부족하지는 않을지, 채식이 어떻게 몸을 건강하게 만드는지 등 인간의 생존과 직결된 문제를 풀기 위한 적극적인 자세를 갖지 못하고 결국 조금 해보다가 별 소득 없이 흐지부지되지 않았을까 싶다.

건강을 목적으로 공부했던 내용을 그대로 실천한 결과, 나는 기대했던 것 이상의 만족스러운 성적을 거둘 수 있었다. 또한 채식을 하면서 느껴지는 몸의 반응에 집중하면서, 채식을 실천하는 데 보람과 만족감을 날마다 느꼈다. 채식을 하기 전 나는 170cm에 73kg이었다. 그동안 다이어트를 하면서 아무리 성실하게 운동을 해도 69kg 이하로 체중이 내려가지 않았지만 채식을 한 이후 급격하게 체중이 줄어서 63kg이 됐다.

체중이 줄어드는 경험으로 나는 음식이 우리 몸에 미치는 영향이 얼마나 큰지 새삼 깨달았다. 특히 음식에서 중요한 것은 어떻게 먹느냐보다 무엇을 먹느냐였다. 무엇을 주로 먹는지에 따라 우리 몸은 크게 바뀔 수 있다는 것이다. 이때부터 음식에 대한 나의 주된 관심사는 음식의 맛과 자극보다는 음식의 생산 과정, 음식 성분, 신선함으로 바뀌었다.

음식에 대한 인식만 달라진 것이 아니었다. 음식을 먹고 소화시켰을 때의 느낌도 음식 종류에 따라 다르게 느껴졌다. 달걀 같은 동물성 음식을 먹었을 때 느껴지는 지방의 맛은 더 이상 고소하지 않고 오히려 지나치게 느끼했다. 냄새 역시 속을 울렁거리게 했다. 소화도 잘 되지 않아 속이 더부룩했다. 피자처럼 유제품이 들어간 가공 식품의 향은 인위적이고 자극적이었다. 반면 현미와 채소 위주의 채식을 할 때는 동물성 음식과 가공 식품을 먹었을 때 느껴졌던 맛과 소화의 불편함이 전혀 없었다. 오히려 담백하고 깔끔한 뒷맛이 기분을 좋게 했다. 채식은 몸의 감각을 투명하게 만드는 것 같았다. 그 투명한 몸에 떨어진 동물성 음식 한 방울은 채식을 하기 이전보다 더 또렷하게 느껴졌다.

10년 넘게 앓던 비염도 나았다. 식은땀이 날 정도의 심한 재채기, 코막힘, 콧물 등이 때마다 나를 괴롭혔다. 약을 먹어도 늘 그때뿐이라 만성 질환으로 여기며 살아야겠다고 생각하고 있었는데, 채식과 함께 가벼운 운동을 시작하면서 비염이 완치됐다는 생각이 들 정도로 좋아졌다. 그동안 내게 달라진 점은 먹는 것밖에 없었다. 운동은 산책이 전부였는데 비염이 나은 것은 채식으로 인한 면역력 증진이 이유라고 생각할 수밖에 없다.

건강을 위한 채식에 대해 말해 둘 것이 있다. 채식은 건강을 100% 보장하지 않는다. 건강은 스트레스, 지나친 음주, 흡연, 환경오염 등 다양한 요인에 영향을 받기 때문이다. 그러나 한 가지 분명한 것은 식이섬유가 많이 포함된 과일과 채소 위주의 식사를 적절하게 한다면, 최소한 당뇨나 과체중, 비만 같은 생활습관병에서는 벗어날 수 있다. 또한 면역력 증진을 포함하여 건강에 관한 많은 이점도 얻을 수 있다.

우려되는 것은 건강은 주관적 해석의 영역이기 때문에 개인마다 채식으로 얻을 수 있는 건강 효과를 다르게 받아들일 수 있다는 점이다. 물론, 채식의 건강 효과에 대해 반론을 제기할 수 있다. 그러나 내가 채식을 오래하면서 내린 결론은 건강을 위해 실천하는 채식은 점차 악화되어 가는 생존 환경에서 인간의 건강을 지키기 위한 '최소한의 수단'이자 '개인이 할 수 있는 최대한의 노력'이라는 것이다. 시대가 채식을 요구하는 시점에서 건강을 위한 채식이야말로, 채식에 대해 제대로 알고 시작할 수 있게 도와 주는 효과적인 발판이 될 수 있음을 강조하고 싶다.

채식주의자에서 비건으로

처음엔 채식주의자에서 비건으로 명찰만 바꿔 달면 되는 줄 알았다. 그런데 그렇게 단순한 일이 아니었다. 동물이 고통받는 현장을 각종 미디어를 통해 보고 나니 속상하고 우울했다. 외국의 한 돼지 농가에서 처참히 살아가는 돼지들의 안타까운 모습이 여전히 머릿속에서 맴돌고 있다.

채식을 더 일찍 시작하지 못한 아쉬움이 밀려왔다. 채식을 해도 건강할 수 있다는 사실을 일찍 알았더라면, 돼지와 같은 동물들이 처한 불합리한 현실을 알리기 위해 육식을 멈출 수 있었을 거라 생각하며 안타까워하기도 했다. 채식은 인간과 동물 모두가 함께 살기 위해 가장 합리적인 식습관이다. 그래서 나는 동물에게 빚진 마음을 가지고 살기로 했다.

비건으로 살아가면 음식을 대하는 태도가 달라진다. 나는 건강에 해가 되지 않는다는 이유로 가끔씩 동물성 음식을 먹을 수도 있다는 합리화를 더 이상할 수 없었다. 그것이 빵에 박혀 있는 작은 모차렐라 치즈일지라도 말이다. 이제 비건인 나에게 동물성 음식은 슬픔이고 고통이다. 심지어 과거에 고기를 먹으며 즐겼던 기억조차 추억으로 더 이상 떠올리고 싶지 않다는 생각을 한 적도 있다. 동물의 고통을 '안다'는 사실은 더 이상 돌아갈 수 없는 다리를 건넌 것 같이 느껴졌다. 더 깊숙이 비건이라는 세계를 탐구해 볼 작정이었다.

'비건이 된다'는 말은 우리 세계를 다시 정의하는 것이다. 한마디로 세상을 대하는 태도와 바라보는 관점이 바뀌는 것이다. 비건 렌즈를 통해 바라본 세상은 동물에게 많은 빚을 진 '빚쟁이' 같았다. '비거니즘'을 처음 고안하여 세상에 알린 왓슨 부부의 말이 생각났다. "과거 우리 문명이 노예 착취 위에 세워졌던 것과 마찬가지로, 현대 문명은 동물 착취 위에 세워졌음을 쉽게 알아챌 수 있다."

만약 동물들의 희생에 대한 빚을 갚아야 한다면 그 액수는 전 인류가 어떤 식으로든 다 갚지 못할 만큼의 엄청난 액수일 것이다. 안 그래도 우리는 과도한 육식으로 인한 빚을 제대로 갚지 못하고 있다. 특히 우리의 식문화는 고기와 유제품이 빠지면 팥 없는 찐빵이 될 정도로 동물성 음식의 비중이 높다. 예를 들어, 한국의 치킨집 숫자는 전국 골목길 수와 같다는 우스갯소리가 있을 정도다. 또한 한국의 마트에는 평생 요리를 하지 않고 살아도 될 정도로 조리가 손쉽고 다양한 종류의 가공 식품으로 가득 차 있다. 그런데 그런 가공 식품 역시 대부분 육류와 유제품이 주를 이룬다.

건강을 위해 채식을 할 때까지만 해도 이런 사실에 대해 정확히 알지 못했다. 내 주변을 돌아볼 생각을 하지 못한 것이다. 하지만 비건의 관점에서 주변을 돌아보니 똑같이 채식을 하더라도 그 목적에 따라 채식을 바라보는 관점과 태도가 달라진다는 것을 깨달았다.

비건 레이더

나는 시간이 지날수록 적어도 음식만큼은 완벽한 비건으로 살아가기 위해 노력했다. 하지만 동물성 성분이 없는 음식을 찾으려고 애쓰면 애쓸수록 오히려 비건을 실천하는 일이 불가능하다는 것을 느꼈다. 눈에 보이는 게 다가 아니었기 때문이다. 예를 들어, 찌개나 국에 사용되는 육수(멸치나 황태 등) 혹은 떡볶이에 들어가는 흰 설탕도 (확인하지 않으면) 탄화골분(설탕을 하얗게 정제하기 위해 쓰이는 물질로 동물의 뼈를 숯으로 태워 만든다)으로 정제한 설탕인지 아닌지를 알 수 없다. 또한 비건 제품이라고 홍보하면서도 교묘하게 동물성 원료를 표시하지 않아 당황스러운 경우도 있었다. 덕분에 제대로 된 비건 식품을 구매하려면 반드시 '비건 인증 마크'를 확인해야 한다는 소중한 깨달음도 있었지만, 비건의 수요가 늘어나면서 이렇게 눈 가리고 아웅 하는 식으로 만들어진 제품을 구매하면 비건 입장에서는 굉장히 속상하다.

음식뿐만 아니라 주류酒類나 건강 보조 식품 심지어 의약품에서도 동물성 성분이 광범위하게 쓰이고 있다는 것도 알게 됐다. 이런 사실을 알고 나니 헛웃음이 나오고 안타까웠다. 그동안 내가 먹고, 건강을 유지하고, 편리함을 느끼며 즐겼던 모든 것들의 대부분이 동물에게서 나온 것들을 사용하여 만들어졌다니. 인류 문명의 역사는 분명 동물 희생의 역사라고 해석해야 맞을 듯 싶었다.

의약품

일반적으로 약 성분을 감싸는 캡슐은 젤라틴이라는 성분으로 만들어진다. 소 또는 돼지 가죽에 약품을 처리한 뒤 고온에서 끓여 천연 단백질인 콜라겐 성분을 뽑아낸다. 이것을 말리면 젤라틴이 된다. 또한 알약의 모양을 잡기 위한 부형제로서 우유에서 추출한 유당이 첨가되는 경우도 있다.

건강 보조제

임산부가 먹는 철분제에도 식물성과 동물성이 있다. 동물성 철분(heme iron)과 식물성 철분(non-heme iron)으로 만든 합성 철분제와 천연 철분제로 구분하여 판매하고 있다.

와인

와인을 정제하는 과정에서 '청징제'를 사용한다. 청징제는 액체 속의 부유물 등의 탁한 입자를 모아서 제거하기 위해 첨가하는 물질이다. 일반 와인 제조 과정에서 사용되는 청징제는 보통 동물성 재료로 만들어지며, 카세인(우유 단백질), 달걀 흰자, 젤라틴, 부레풀(물고기의 부레를 가공한 물질) 등 그 종류는 다양하다.

화장품

매니큐어와 네일 케어 제품에도 동물 유래 성분이 쓰인 한다. 많이 알려진 성분으로는 카민, 구아닌, 케라틴을 들 수 있다. 카민은 중남미 선인장 농장에서 흔히 볼 수 있는 연지벌레 암컷을 건조해 얻은 천연 색소로 착색제, 착향제을 만드는 용도로 사용된다. 구아닌은 갈치, 청어, 정어리 등의 물고기 비늘에서 얻어지고, 반짝이는 효과를 위한 착색제 용도로 사용된다. 마지막으로 케라틴은 양모, 뿔, 손톱, 발톱 혹은 다른 유사 조직에서 유래된 단백질 성분으로 모발, 손톱, 발톱 등의 손상된 표면을 강화하는 용도로 사용된다.

피임도구, 생리용품

콘돔, 탐폰, 생리컵과 같은 제품들은 안정성을 위해 동물 실험을 한다.. 2017년부터 우리나라는 동물 실험을 통해 생산한 화장품을 판매하지 못하도록 하고 있지만, 생리 용품과 피임 도구는 의료기기 및 의약품에 해당해 여전히 동물 실험이 이뤄지고 있다. 특히 토끼는 생리 용품 실험에 광범위하게 희생되고 있다. 탐폰의 경우 독소 반응 실험을 위해 박테리아 균을 묻힌 탐폰과 멸균 탐폰을 토끼에게 삽입과 제거를 수차례 반복한다.

최근에는 동물 실험을 진행하지 않는 제품에 대해 크

루얼티프리(cruelty-free : 학대가 없다) 인증을 하고 있으며, 대표적으로 PETA의 토끼 모양 인증 마크가 있다.

동물성 백신 VS. 식물성 백신

보통 백신은 동물 세포나 미생물 세포 배양을 통해 생산된다. 예를 들어 인플루엔자(독감) 백신은 대부분 유정란 방식으로 생산된다. 유정란 방식은 독감 바이러스를 유정란에 주입한 뒤 키워서 백신을 만들어 내는 방식이다. 또한 동물의 세포에서 독감 바이러스를 키우는 세포 배양 방식의 독감 백신도 개발되었다.

최근 비건에 대한 관심이 높아지면서 '식물 플랫폼' 백신이 개발되고 있다. 기존의 백신 생산 과정과는 달리 식물 세포 배양이나 형질 전환된 식물을 이용해 생산되는 백신을 의미한다. 미생물이나 동물 세포 백신은 배양이 까다로워 배양 조건을 갖추기 위한 고가의 대규모 공정이 필요하고 대량 생산도 어렵지만, 식물 플랫폼 백신은 공기 중의 탄소원과 태양 에너지를 이용해 배양하기 때문에 상대적으로 저렴하고 생산 속도가 빠르다. 그렇다고 백신의 효과가 동물성 백신보다 떨어지는 것은 아니다. 또한 식품의약품안전처에 따르면 식물성 백신은 동물성 백신에 비해 더 안전하다고 말한다. 식물은 배양 및 생산 과정에서 오염이 발생하더라도 식물과 사람의 생물학적 계통이 멀어 인체에 문제를 일으킬 확률이 거의 없기 때문이다.

비건보다
비건 지향

'완벽한' 비건은 없다

플라스틱과 동물은 공통점이 있다. 이미 우리 삶에 너무 깊숙이 들어와 있어, 그 실체와 존재를 잘 모른다는 점이다. 우리의 시선과 손길이 닿지 않는 삶의 영역에서 비건을 선택할 수 없는 것들이 너무나도 많다. 이런 상황에서 비건이라는 자기 선언은 의미가 없어 보이는 것 같아 아쉽다. 심지어 허무함마저 느껴진다. 한때는 호기롭게 '저는 비건이에요'라고 한 적도 있었지만, 이제는 그렇게 말하기가 조금 부끄럽게 여겨지기도 한다.

과연 세상에 '진짜' 100% 비건이 존재할까. 만약 완벽한 비건이 존재한다면 정말 대단한 일이고 어쩌면 기적에 가까울 수도 있겠지만, 없다고 해도 전혀 이상하지 않다. 미세 먼지가 뒤섞인 공기를 알게 모르게 들이마시는 것처럼 자신도 모르는 사이 자연스럽게 우리 삶에 침투된 동물의 것을 사용하고 있을지도 모르기 때문이다. 그렇다면 비건을 실천하나 하지 않으나 동물성 성분을 피하지 못하는 것은 마찬가지이므로, 비건이 되는 것은 의미가 없는 일일까.

그렇지 않다. 비건이 갖는 가장 큰 의미는 '안다'는 인식에 있다. 당장은 자신의 힘만으로 바꿀 수 없는, 정말 어쩔 수 없이 받아들여야만 하는 부분(의약품 등)이 있음에도 불구하고 이러한 현실을 아는 것만으로도 많은 것을 바꿀 기회를 엿볼 수 있기 때문이다. 예전에는 선택지가 한 가지였다면, 동물이 고통받는 현실에 공감한 뒤에는 선택지가 두 가지 이상으로 늘어나거나 다른 대안을 마련할 수도 있다. 혹은 선택하기를 포기할 수도 있다. 비건은 앎을 바탕으로 세상을 대하는 태도를 바꾸는 것이라고 할 수 있다. 그래서 나는 비건의 의미를 다시 생각해 보고자 한다.

비건이란, 비건으로 살아갈 수 없는 현실을 인정하고, 그 현실 속에서 스스로의 경험을 통해 자신의 위치에서 실행 가능한 해결책과 대안을 모색하는 삶을 살아가는 것이다.

비건보다 비건 지향

"현실적으로 비건이 된다는 것은 우리가 나아가야 할 지향점일 뿐이지, 결코 성취하고 달성해야 할 물리적 목표가 아니다." 비거니즘을 실천하는 모든 이들이 이 말을 마음속에 간직했으면 좋겠다. 비건은 행위의 과정을 통해 얻게 된 몸과 의식의 변화이자 삶에 대한 태도의 전환이다. 내가 채식을 즐겁게 유지할 수 있었던 이유는 채식을 통해 느껴지는 변화를 관찰하는 즐거움 덕분이다.

당근이라면 손사래를 치던 내가, 이제는 당근이라면 사족을 못쓰는 소위 '채소 인간'이 되는 변화부터 채식에 대해 알기 위해 시작한 독서 분야가 식습관, 면역력, 질병, 동물, 교육, 역사, 심리학 등으로 범위가 넓어지는 변화가 일어났다.

나는 채식을 해온 과정을 사랑하고 의미 있게 여긴다. 비건이 되는 목표를 세우기보다는 하루하루 채식을 하며 직면하는 문제를 해결하고 때로는 한발 물러서서 숨 고르기를 하며 하루를 온전히 채식을 하며 보내려고 노력했다. 그 과정이 내 삶을 풍요롭게 했고 살아갈 의미로 가득 차게 만들었다.

대담한 목표를 가지고 세상을 바꾸기 위해 최선을 다하지 않아도 된다. 내가 바뀌고 더 나은 사람이 될수록, 주변 사람들 역시 영향을 받으며 바뀔 것이다. 개인의 힘으로 동물 착취를 단절시키는 것은 역부족이다. 결국 동물 착취가 없는 사회로 바꾸는 일은 그런 사회를 원하는 사람들이 지금보다 훨씬 더 많아져야 가능한 일이다.

그래서 비건보다는 '비건 지향'이다. 비건이 되겠다고 반드시 선언할 필요는 없다. 우리가 비건보다 비건 지향의 태도를 지닐 때, 훨씬 더 많은 사람들이 함께할 수 있다. 채식을 경험한 사람들이 늘어나고 몸으로 느껴지는 채식의 효과나 '채식도 할 만하다'는 생각을 공유하면 채식에 대한 진입 장벽을 낮출 수 있다. 비건에 대한 부담을 내려놓는 것이 중요하다. 오늘 하루 무엇을 먹고, 먹지 않았는지보다 궁극적으로 생명을 대하는 삶의 자세가 더 중요하다. **엄격하지 않**

아도, 철저하지 않아도, 실천해 보는 것만으로도 충분하다. 한 끼의 경험이 쌓이면 가랑비에 옷 젖듯, 우리의 삶도 비건으로 물들 것이다. 그렇게 우리는 비건으로 성장한다.

다시 채식으로

비건이 지닌 수많은 장점과 긍정적인 담론에도 불구하고, 사람들이 채식을 망설이는 이유는 결국 실천에 대한 '현실적인 문제를 해결할 방안의 부재'와 '채식에 대한 영양학적 신뢰 부족' 때문이라는 생각이 들었다. 비건은 동물권을 주장하는 하나의 상징이기 이전에 기본적으로 '음식을 섭취하는 일'이기 때문이다. 그래서 비건은 윤리적 목적과 동기부여로 시작할 수 있지만, 식습관으로서의 채식이 지니는 현실적인 문제를 넘어서지 않고서는 제대로 실천하기가 어렵다.

채식은 우리에게 낯설고 어색한 식습관이다. 논란이 많은 만큼 두렵기도 하다. 채식을 하면 무엇을 먹어야 하는가, 채소 요리는 어떻게 해야 하나, 채소만 먹고 살아도 먹는 일이 즐거울까, 채식을 하다가 고기가 먹고 싶으면 어떻게 하나, 채식을 하면 비타민B12가 부족하다는데 과연 채식은 영양학적으로 안전할까 등 사소해 보이는 문제부터 공부가 필요한 문제까지 채식을 시작할 때 풀어야 할 문제들이 너무나도 많다.

그러나 채식에 가까이 갈수록 채식의 두려움에서 벗어나 삶은 더 건강해지고 가볍고 경쾌해질 것이다. 더불어 우리를 둘러싼 세상도 건강해질 것이라 믿는다. 누구나 채식을 즐기며 편하게 살 수 있을 거라 생각한다. 다만, 그 시점이 사람마다 다를 뿐이다.

Chapter 2

안다

이 정도는 알아야 할 채식의 역사

고대 채식주의의 기원 : 피타고리언

알려진 바에 따르면, 고대 그리스의 철학자이자 수학자였던 피타고라스가 채식주의 식단을 시작했고, 비슷한 시기 고타마 싯타르타는 그를 따르는 사람들과 채식에 대한 이야기를 나누었다고 한다. 피타고라스는 모든 동물은 동족으로 취급되어야 한다고 가르쳤는데, 이 말은 곧 육식을 하지 말아야 함을 의미했다. 또한 피타고라스는 채식주의를 평화로운 인간 공존의 핵심으로 보았으며, 동물을 도살하는 것이 인간의 영혼을 학대한다는 관점을 내세우기도 했다.

그의 생각을 따랐던 사람들을 피타고리언pythagorean이라고 했는데, 당시에는 채식주의자라는 단어는 없었지만 그 의미에서만큼은 피타고리언을 곧 채식주의자vegetarian와 동의어로 볼 수 있다. 또한 피타고리언이 지닌 생각에 해당하는 채식주의vegetarianism는 신플라톤주의자의 철학에 영향을 받은 사람들 사이에서 3세기에서 6세기까지 로마 제국 전역에 퍼져나갔다.

19세기 근대 채식주의 아버지, 윌리엄 램 박사

채식주의에 대한 생각과 행동은 어느 시대에나 존재했지만, 특히 오늘날 채식주의에 영향을 끼친 장본인은 따로 있다. 바로 영국의 윌리엄 램William Lambe, 1765~1848 박사이다. 램 박사는 최초로 이른바 비건 영양vegan nutrition을 명확하게 밝혀, 비건 영양의 아버지라 불리고 있다. 그는 41세가 되던 해1806, 자신의 건강 상태를 염려하여 식단을 엄격한 채식으로 바꾸었고 죽기 전까지 채식을 유지하며 살았다. 그의 채식 식단에는 과일, 곡물, 견과류, 콩류 등이 포함되어 있었고, 오늘날의 비건 식단과 같았다.

최초 베지테리언의 등장

램 박사의 채식 식단과 저서에 영향을 받은 사람 중에는 영국의 제임스 피에르퐁 그리브스James Pierrepont Greaves가 있었다. 그는 『작은 아씨들little women』 작가의 아버지인 브론손 알코트Bronson alcott로부터 급진적인 교육관에 대해 깊은 인상을 받아서 런던 남서쪽 햄커먼 지역에 학교를 세웠다. (브론손 알코트 역시 채식주의자였다.) 학교는 브론손 알코트의 이름을 딴 Alcott House School이라고 지었다. 그리고 이곳에서 발간한 1842년 5월 간행물에서 채식주의자를 가리키는 최초의 단어인 'vegetarian'이 처음 등장했다.

'vegetarian'은 이 학교의 관계자나 학생들에게 친숙한 단어였다. Alcott House School은 그리브스의 의도대로 설립 당시부터 채식을 실시했으며, 이 학교를 다니거나 관련 있는 사람들은 자신을 베지테리언vegetarian이라고 불렀다고 한다. 당시 베지테리언이라는 말은 채소vegetation만 먹고 살아가는 사람들이라는 뜻이었는데, 1847년 전까지 베지테리언은 오늘날의 비건처럼 100% 채식만 하는 사람들을 가리켰다고 알려져 있다. 반면 당시 기존 채식의 변형된 형태를 따르며, (이 학교와 관련 없는 사람들) 유제품과 달걀을 섭취하는 사람들도 있었다. 하지만 그들 스스로 베지테리언이라고 불렀다고 하는 정황은 없었다고 한다.

세계 최초의 채식주의 협회 그리고 비건의 시작

1847년, Alcott House School의 사업부장 윌리엄 올드햄William Oldham은 학교를 거점으로 Vegetarian Society라는 채식주의 비영리 단체의 설립을 위해 뜻을 함께할 사람을 모으고자 노력했다. 끝까지 설립을 추진한 끝에 마침내 그해(1847) 협회가 탄생하게 되었고, '음식으로서 동물의 살을 절제하는 습관을 유도하는 것이다The objects of the Society are, to induce habits of abstinence from the flesh of animals as food'라는 목표를 정했다. (다만 당시 어려움을 겪고 있던 학교는 1948년 운영을 중단했다.)

그러나 문제가 있었다. 동물의 살을 먹지 않는 베지테리언 기존의 입장은 유지했지만 달걀과 유제품에 대한 제한은 없었던 것이다. 이와 같은 목표 설정은 19세기 내내 단체에 대한 논란을 야기할 수밖에 없었다. 이때 현재 채식주의 종류로 알려져 있는 락토-오보 베지테리언(우유 및 유제품, 달걀은 먹는 채식주의자)이라는 말이 생겨났다.

20세기 중반 채식주의 협회 내에는 유제품을 먹지 않는 채식주의자들에 대한 구분이 필요하다는 의견이 나왔지만, 협회는 불화를 야기할 수 있다면서 거절했다. 그러나 이 결정은 오히려 더 큰 불화를 키워 기존의 채식주의 협회와 다른 새로운 협회가 만들어지는 계기가 되었고, 그 중심에는 도널드 왓슨Donald Watson이 있었다. 그는 유제품을 먹지 않는 채식주의 협회를 만들었는데, 이들에게는 구별된 정체성을 나타낼 수 있는 고유의 함축적인 이름이 필요했다. 그 이름이 바로 베지테리언vegetarian의 앞의 철자 3개와 뒤의 철자 2개를 따서 만들어진 '비건'이었다. 그리고 마침내 1944년 11월, Vegan Society라는 새로운 채식주의 협회가 탄생했다.

그런데 채식주의 기원의 측면에서 본래 채식주의가 오직 과일, 곡물, 견과류, 콩류 등으로만 이루어진 식단을 섭취하는 식습관이었으므로, '동물성 음식+채식' 형태(락토-오보 베지테리언)로 구분하는 현재 채식주의 종류는 그 자체로 상호 모순적인 의미가 된다. 심지어 현재와 같은 비건 식단을 추구하지 않는 사람들이 스스로를 채식주의자라고 부르지 않았기 때문에 '채식주의자인데 동물성 음식을 먹는다'는 다소 아리송한 표현이 맞는 것인지 의구심을 가질 수밖에 없다.

그럼에도 불구하고 나는 채식이 이렇게 흘러온 측면을 이해한다. 인간의 식습관은 의지만 가지고는 통제할 수 없다. 특히 현대로 올수록 먹거리가 다양해지고, 음식 광고의 지속적인 노출 그리고 변해 가는 식문화의 영향으로 과거 채식주의 원형을 고수하는 것은 쉽지 않다. 그렇기 때문에 개인의 여건과 상황 그리고 자신의 의지와 신념에 따라 다양한 채식주의가 생겨났다고 볼 수 있다.

채식을 어떤 형태나 방식으로 시작해도 의미 있다고 생각한다. 채식에 대한 부담을 내려놓을 수 있다면, 자신에게 맞는 방법을 찾아 실천해도 좋을 것 같다.

"비거니즘은 음식, 옷 또는 다른 목적을 위해 동물에 대한 모든 형태의 착취와 잔인함을 가능하고 실행 가능한 범위에서 배제하려는 철학과 삶의 방식입니다. 나아가 동물, 인간 및 환경의 이익을 위해 동물이 없는 대안의 개발과 사용을 촉진합니다. 식습관 관점에서 비거니즘은 동물로부터 완전히 또는 부분적으로 파생된 모든 제품을 사용하지 않는 행위를 의미합니다."

— 도널드 왓슨

도널드 왓슨이 정의한 비거니즘의 정의에서 눈에 띄는 점은 "가능하고 실행 가능한 범위"라는 표현이다. 왓슨은 이미 채식 또는 비거니즘을 온전히 실천하기 어려운 시대의 상황과 개인의 고충을 이해하고 있었던 것으로 보인다. 완벽함보다는 가능한 범위 내에서 채식 또는 비거니즘의 실천이 중요하다. 비거니즘의 실천은 처음부터 완벽을 추구하도록 설계되지 않았다.

다양한 채식의 종류

채식주의자를 굳이 구분하자면 전통적인 채식주의자와 그 밖에 여러 종류의 채식주의(자)로 구분할 수 있다. 하지만 이러한 구분은 현재 알려져 있는 다양한 채식의 종류에 대한 이해를 돕기 위한 것일 뿐이다. 중요한 것은 현재 채식주의의 변화 모습이다. 전통이라는 말이 무색할 만큼 현재의 채식주의는 다양해졌다. 기존의 전통적인 채식의 형태를 보완하거나 개인의 라이프 스타일에 맞춰진 다양한 채식주의 형태도 생겨났다. 심지어 채식은 단순히 동물에 관한 윤리적 목적뿐만 아니라 건강, 환경, 기후의 문제를 풀어가는 하나의 해결책으로 여겨지고 있으며, 더 나아가 인류와 지구의 공존과 지속가능성의 가치를 추구하는 생활 방식으로도 이야기되고 있다.

전통적인 채식은 크게 두 가지로 나뉜다. 가금류와 수생물의 섭취까지 허용하는 '세미 베지테리언'과 동물성 음식으로 유제품과 달걀까지만 허용하는 '베지테리언'이다. 물론 베지테리언에는 동물성 음식을 전혀 허용하지 않는 '비건'이 포함된다. 전통이라고 이름을 붙인 이유는 채식주의가 거쳐온 변화의 역사를 그대로 간직하고 있기 때문이다.

세미 베지테리언

세미 베지테리언은 베지테리언을 지향하는 바로 전 단계로 볼 수 있다. '어느 정도'라는 의미의 세미semi라는 말이 수식하는 만큼 육식에 대해 조금 자유로운 편이다. 물론 소와 돼지 같은 육류는 먹지 않지만, 가금류家禽類(알이나 고기를 먹기 위하여 집에서 기르는 날짐승을 통틀어 이르는 말)에 해당하는 닭, 오리 등과 수산물(생선, 조개 등)을 섭취한다. 세미 베지테리언의 종류에는 폴로 베지테리언, 페스코 베지테리언이 있다.

폴로pollo 베지테리언

pollo는 스페인어로 닭이라는 뜻을 지니고 있다.

섭취하는 동물성 음식 : 가금류, 수산물, 달걀, 유제품

페스코pesco 베지테리언

pesco는 물고기라는 뜻을 지닌 라틴어 'piscis'에서 유래됐다.

섭취하는 동물성 음식 : 수산물, 달걀, 우유, 유제품

베지테리언

베지테리언은 동물의 살코기는 전혀 섭취하지 않는다. 다만 종류에 따라 달걀, 유제품을 섭취한다. 베지테리언의 종류에는 락토-오보 베지테리언, 락토 베지테리언, 오보 베지테리언, 비건이 있다.

락토-오보lacto-ovo 베지테리언

락토lacto는 라틴어로 동물의 젖을, 오보ovo는 알을 뜻한다.

섭취하는 동물성 음식 : 달걀, 유제품

오보ovo 베지테리언

섭취하는 동물성 음식 : 달걀

락토lacto 베지테리언

섭취하는 동물성 음식 : 유제품

비건

섭취하는 동물성 음식이 전혀 없으며 벌꿀도 먹지 않는다. 꿀은 곤충인 벌이 생산하는 것이라서 먹어도 된다는 오해를 사기도 하지만, 사실 곤충 역시 절지동물문 곤충강에 속하는 엄연한 '동물'이다. 그래서 꿀도 비건은 섭취하지 않는다. 비건이라는 말은 철학이자 식습관을 포함한 하나의 라이프 스타일이며 그런 철학과 라이프 스타일을 가진 사람을 지칭하기도 한다.

그 밖의 다양한 채식주의 종류들

플렉시테리언flexitarian

'유연한'을 뜻하는 플렉시블flexible과 베지테리언vegetarian의 합성어로 최근에 생겨난 채식 종류이다. 평상시에는 완전 채식 또는 채식 위주의 식사를 하면서 상황에 따라 육식을 허용하는 채식주의자다. 비건의 축소된 형태라고 보는 사람들도 있다. 플렉시테리언은 코로나19 이후 최근 지속가능한 친환경적인 삶의 방식으로써 등장했다. 지구와 인간이 공존하는 지속가능함의 가치를 목표로 하는 생활 습관에 가까운 식습관이다. (단기적으로 실천하는 다이어트 같은 개념이 아니다.) 육식 섭취를 완전히 차단하지 않기 때문에 플렉시테리언은 환경과 동물 윤리에 대한 중요성에 공감하는 많은 이들이 채식을 쉽고 편안하게 시작할 수 있는 방법으로 떠오르고 있다.

생채식주의raw veganism

생채식주의는 식물성 재료를 열을 이용하지 않고 조리해서 먹거나, 효소가 파괴되는 온도인 48도씨 이상으로는 열을 가하지 않은 음식을 먹는 채식주의를 말한다. 윤리적인 목적에 건강을 위한 목적이 더해졌다고 볼 수 있다.

프루테리언fruitarian

오직 과일만 먹는 사람들을 의미한다. 과일채식주의fruitarianism를 실천하는 이유는 종교, 건강, 윤리 등의 목적으로 알려져 있다. 특히 윤리적인 목적의 채식주의의 관점으로 과일채식주의를 선택하는 많은 사람들은 식물 역시 동물처럼 고통을 느낀다고 생각하기 때문에 식물이 생산하는 열매를 먹는 것이 오직 윤리적으로 합당한 일이라고 판단한다.

줄이기주의, 축소주의

두 단어 모두 비슷한 의미로 고기, 유제품, 해산물 등의 동물성 식품을 적게 먹는 라이프 스타일이다. 영어로는 리듀스테리안reducertarian이라고 한다. 축소주의를 추구하는 사람들은 한 명의 완벽한 채식주의자보다 열 명의 축소주의자가 환경과 동물복지에 미치는 영향이 더 크다고 생각한다. 그래서 채식주의의 명분보다 실리에 집중하는 편이다. 그렇다고 해서 이러한 태도가 규칙을 엄격하게 지키는 채식주의자에 대한 비난을 의미하지는 않는다. 다만 채식주의를 엄격하게 실천하다가 겪을 수 있는 부담이나 죄의식 등을 내려놓고 육류 소비를 줄이기 위한 노력에 더 초점을 맞추자는 뜻으로 해석할 수 있다. 그래서 축소주의 운동은 육류 섭취의 완전한 거부가 아니라 일단 육류 섭취를 줄이는 것을 목표로 한다.

홈채식

홈채식은 '집에서만큼은 반드시 채식을 실천한다'는 채식 라이프 스타일이다. 홈채식을 하면서도 다양한 채식의 형식을 취할 수 있는데, 내 경우에는 비건으로서 채식을 한다. 홈채식을 추천하는 이유는 채식 옵션이 부족한 한국의 외식 문화에서 유일하게 내가 원하는 대로 채식을 지속적으로 할 수 있기 때문이다. 채식에서 지속성은 자칫 흐지부지해질 수 있는 식습관을 자리 잡을 수 있게 도와 준다. 먹는 일이 아무래도 장소에 영향을 많이 받는 만큼 집을 거점으로 채식을 하면 보다 안정적으로 채식을 할 수 있다.

비덩주의 및 라이프 스타일에 따른 여러 종류의 채식

말 그대로 덩이로 된 고기를 먹지 않는 채식이다. 하지만 고기 육수를 냈거나 동물성 조미료 등은 먹는다. 육류를 주요 식재료로 하거나 찌개나 국의 육수로 사용하는 음식이 다양해진 현재 한국 식문화에서 육식을 지양하는 사람들이 채식을 실천하기 위해 정해 놓은 최소한의 지침으로 보인다.

이밖에도 주중 · 주말 채식주의 등이 있으며 특정 동물성 음식을 먹지 않는 '노치킨' '노삼겹살' '노피쉬' 채식주의, 하루 세끼 중 한 끼만 채식을 하는 채식주의 등이 있다.

다양한 채식주의의 이름만 들어도 쉽게 와닿는 채식이 참 친근하게 느껴진다. 동물과 환경을 생각하고 보호하고 싶은 목적으로 채식을 시작하고는 싶지만 자신의 식습관과 주어진 조건 또는 환경 때문에 채식을 주저하는 사람들이 참고할 만한 채식의 좋은 예이다.

이렇게 채식을 하면 기본적으로 만족감이 크다. 무언가에 얽매여 비장하게 채식을 하기보다 자신의 선택에 따라 자유롭고 편안한 마음으로 채식을 할 수 있기 때문이다. 그래서 오히려 이런 방식의 채식이 철저하고 엄격하게 하는 채식보다 오래 지속될 가능성이 크고, 자신의 라이프 스타일에 맞춰 실천하기 때문에 만족감 역시 남다르다. 또한 채식에 관심 있는 사람들이 이런 채식을 하는 사람들의 이야기를 들으면 '나도 한번 해 볼까' 하는 생각이 들 수도 있다. 어떤 식으로든 자신의 방식에 맞춰 채식을 즐기면 된다. 앞서 이야기한 전통적인 채식은 참고사항일 뿐이다. 내 생활을 중심으로 내게 맞는 채식의 형태를 찾아 보자. 그것이 가장 오랫동안 즐길 수 있는 식습관이 될 것이다.

채식으로 경험할 수 있는 음식의 세계

사찰 음식

모든 생명을 내 몸과 같이 여기는 불교적 자비관에서 비롯된 음식으로 수행에 방해가 될 수 있는 유제품을 제외한 모든 동물성 식품과 '오신채'를 금하는 수행 음식이다. 오신채는 매운맛이 나는 다섯 가지 채소(파, 마늘, 부추, 달래, 흥거)*로,

* 흥거는 백합과의 식물로 한국, 일본, 중국에서는 구할 수 없으며 한국에서는 흥거 대신 양파를 금지하고 있다.

진심瞋心(노여움의 마음)과 음심淫心(음란한 마음)을 일으킨다고 하여 불교에서는 섭취를 금해 왔다. 마늘과 파 같은 향신료에 해당하는 음식으로 맛을 내지 않기 때문에 오히려 식재료 본연의 맛을 충실하게 느낄 수 있다.

나는 흔히 절밥이라고만 알고 있던 사찰 음식을 채식을 하고 나서 처음 접했다. 단순히 절밥 정도로 생각했던 내 생각이 잘못됐음을 사찰 음식을 입에 넣는 순간 깨닫게 됐다. 채식을 하며 식재료 본연의 맛을 탐미하는 것을 즐겼던 내게 사찰 음식은 깔끔하고 군더더기 없는 자연의 맛이었다. 맛과 향이 자극적이지 않았지만, 최소한의 조리와 양념을을 바탕으로 식재료의 맛을 잘 표현한 듯해 먹는 내내 편안하고 적당히 자극을 받으며 즐겁게 음식을 즐길 수 있었다. 수행을 위한 음식이라고 들었는데, 먹는 순간 마음도 편해지는 사찰 음식을 통해 음식이란 무엇인가, 요리란 무엇인가를 다시 한번 생각했다. 음식은 우리 몸과 마음을 모두 다스릴 수 있는 힘이 있는 것 같았다.

마크로비오틱

마크로비오틱은 그리스어로 '커다란' 또는 '긴'이라는 뜻을 지닌 마크로macro와 '생명의'라는 뜻을 지닌 비오bio 그리고 학문과 기술을 뜻하는 틱tic이 조합된 말이다. 즉 장수를 위한 기술 또는 학문이라고 풀이할 수 있다. 이름은 영어를 합성하여 만들었지만, 동양 자연사상과 음양원리에 뿌리를 두고 있는 식생활법이다. 마크로비오틱 식사법은 육식을 자제하고 유기농 곡류와 채식을 중심으로 먹는 것이며, 신토불이(자신이 사는 곳에서 제철에 나는 음식을 먹어야 한다는 의미)와 일물전체(음식을 통째로 먹어야 음식 고유의 에너지를 섭취할 수 있다는 취지의 의미)를 원칙으로 한다. 마크로비오틱 요리에서는 우유, 달걀, 설탕 대신 두부, 통밀가루, 조청 등을 활용한다. 기름 역시 올리브유와 현미유를 사용하고 전통 방식으로 만들어진 조미료만을 사용하여 요리한다. 전자레인지 같은 전기기구보다는 압력솥, 찜통을 사용하고 주로 살짝 찌거나 삶는 조리법으로 요리를 한다.

마크로비오틱은 기존 요리 방식의 틀을 깨는 참신한 요리법으로, 배우고 즐기기에 좋다. 특히 크림파스타 같은 유제품이 들어간 음식을 채식으로 재현해 볼 수 있다는 사실은 내 관심을 끌기에 충분했다. 마크로비오틱이 지닌 요리법의 창의성은 흥미로웠고 식재료의 특성을 잘 파악하여 요리에 활용하는 점도 마음에 들었다. 예를 들어, 달걀 없이 만드는 달걀볶음밥을 만들 때, 수분을 제거한 두부를 거칠게 으깨서 프라이팬에서 볶아 두부의 식감을 마치 스크램블한 달걀처럼 고슬하게 만드는 요리 방식은 신기한 경험이었다. 또한 여기에 색을 입히기 위해 강황 같은 향신료를 사용하는 세밀함은 흥미로웠다.

자연식물식

클린턴 전 미국 대통령 자문의를 지낸 미국 의학박사 존 맥두걸이 주창한 식단이다. 자연식물식은 곡물, 감자 등의 녹말 음식을 중심으로 오일은 물론, 가공 식품도 지양하며 찌거나 데쳐서 있는 그대로 먹는 식단이다. 즉 비건 식단에서 가공 식품과 오일을 제외시킨 식단이다. 생채소를 이용한 샐러드만을 생각하기 쉽지만, 된장이나 고추장, 소금 같은 전통 방식으로 만들어진 양념장을 사용하여 다양한 음식을 만들 수 있다.

채식 베이커리

유제품을 사용하지 않는 빵도 있지만 우리가 보통 즐겨 먹는 대부분의 빵에는 유제품이 들어간다. 빵에 버터, 우유, 달걀, 생크림 등을 넣는 이유는 풍미와 식감 때문이다. 여기에 설탕과 각종 토핑이 곁들여지면 입맛 당기는 음식이 된다. 하지만 채식을 하는 사람들은 이런 동물성 식재료가 쓰인 빵을 먹을 수 없다. 그래서 채식을 하기 전에 우리에게 익숙했던 빵의 풍미와 식감을 어느 정도는 유지하면서 즐길 수 있는 빵이 필요한데, 그것이 바로 채식 베이커리다. 예를 들어, 깜빠뉴나 바게트는 본래 유제품을 쓰지 않는 빵이기 때문에 굳이 채식이라는 말을 붙이지 않는다. 반면 비건 크로와상, 비건 머핀, 비건 쿠키처럼 채식 또는 비건이 빵 이름 앞에 붙으면 본래 유제품으로 식감과 맛을 냈던 빵이나 과자라는 것을 알 수 있다.

채식 베이커리의 핵심은 기존 유제품 베이커리가 지닌 식감과 풍미를 재현하는 것이다. 대표적으로 비건 치즈케이크가 있다. 우유를 발효시켜 만드는 치즈는 기본적으로 바탕이 되는 식재료가 동물성인데다가, 발효라는 까다로운 화학작용을 거치기 때문에 만드는 과정에서 치즈만의 독특한 풍미가 생겨 난다. 이런 치즈만의 특징을 원재료부터 다른 식물성 식재료로만을 가지고 재현하는 것이 비건 치즈케이크이다.

실제 치즈와 비슷한 느낌을 만들어 내기 위해 효모로 발효시킨 코코넛밀크를 사용하거나 레몬즙이나 뉴트리셔널 이스트로 발효된 치즈의 풍미를 더하기도 하고 꾸덕한 질감을 위해 갈은 병아리콩을 다양한 식재료와 함께 섞어 굳혀서 쓰기도 한다. 동물성 치즈를 식물성으로 완전히 탈바꿈하여 재창조하는 방식인데, 실제로 먹어 보면 기존의 동물성 치즈와 꽤 비슷한 느낌이 난다. 특히 잘 만든 비건 치즈케이크는 일반 치즈케이크와 비슷한 질감이 느껴진다. 이렇게 무에서 유를 창조하는 비건 베이킹의 과정에는 생각보다 굉장히 많은 재료, 시간, 노력이 들어가며 연구 과정을 통해 터득한 자신만의 노하우로 만들어진다.

한식

한식 전체를 채식이라고 보기는 어렵지만 오랫동안 사랑받아 온 전통적인 음식은 대부분 나물, 묵, 채소전, 두부와 같은 음식이었다. 우리 민족이 오랫동안 먹고 즐겨 온 음식이 한식의 가장 기본적인 형태이자 뿌리 아닐까 싶다. 한식은 유제품, 육류 없이 오직 자연에서 얻은 것을 바탕으로 음식을 만들 수 있다. 무침, 부침, 찜, 데치기, 볶기 같은 조리법을 이용하면 한 가지 재료만으로도 여러 가지 음식이 만들어진다. 예를 들어, 시금치만으로도 무치거나 볶을 수 있고 국에 넣고 끓여서 맛을 낼 수도 있다. 된장, 간장, 고추장, 식초 역시 모두 자연에서 왔고 자연의 힘으로 만들어진 양념이다. 식재료에서부터 양념까지 어느 것 하나 본래 채식이 아닌 것이 없다. 다만 우리가 그동안 서양 식문화에 너무 빠져 있어서 한식이 본래 어떤 음식인지를 알아보지 못했을 뿐이다. 굳이 멀리서 채식 음식을 찾을 필요가 없다. 그야말로 한식 문화에서 채식은 '흔한 음식'이다.

오랜 시간 발달해 온 한식 문화는 매우 탄탄하고 깊은 채식 기반을 갖고 있다. 나물 관련 요리책이 집에 두세 권 정도 있는데, 평생 다 해먹지 못할 정도로 다양한 나물 종류가 있다. 그래서 나는 한국에서 채식하기를 참 잘했다는 생각을 한다. 한식을 채식의 눈으로 보는 순간 채식에 대한 고민은 저절로 사라진다.

우리가 요즘처럼 고기를 주식처럼 먹기 시작한 지는 얼마되지 않았다. 1990년대 초반만 해도 치킨은 요즘처럼 자주 먹을 수 있는 음식은 아니었다. 육식을 우리나라에서 자유롭게 먹게 된 것은 어림잡아 이제 40년 정도지만 그 전까지(가공 식품 제외)는 대부분 채소 음식이 우리의 삶을 지탱하고 있었다.

나는 집에서 요리를 즐겨한다. 그렇다고 우리 집 식탁에는 특별한 음식이 매일 오르지 않는다. 주로 두부조림, 감자조림, 깻잎김치, 콩나물무침, 부침개 등 우리에게 친숙하고 익숙한 음식들이 우리 집 단골 메뉴다. 다만 한국인에게 이런 음식들은 매우 일상적이기 때문에 채식으로는 특별해 보이지 않을 뿐이다. 채식이라는 개념이 서양에서 시작되어 우리에게 알려졌기 때문에 채식 하면 서양 음식이 자연스럽게 떠오르는 것은 당연하다. 그러나 채식이 윤리 목적 또는 건강 목적으로 시작됐다고 해도 목적이 쓰인 명찰을 떼고 나면 사실 그냥 채소 음식일 뿐이다. 채식 하면 가장 먼저 떠올리는 비건이라는 이미지가 채식은 아무나 못하는 부담스러운 음식으로 비춰지게 하는 것은 아닐까 하는 의구심이 고개를 든다. 채식은 늘 우리 곁에 있었다. 서양처럼 윤리적인 목적이 더해지지 않았을 뿐 그 자체가 채식인 음식이 너무나 많다. 다만 우리가 채식의 프레임으로 한식을 조명하지 않았을 뿐이다.

생활 속 채식 간식

한식

유과, 강정, 개성약과, 뻥튀기, 찐빵, 떡, 김부각,
다시마부각, 채소부각, 전통 방식으로 만들어진 떡

일반 과자

감자 스낵, 현미칩, 옥수수 팝콘

건조 식품

말린 바나나칩, 말린 고구마, 말린 단감

아이스크림

유기농 과일즙을 짜서 틀에 얼린 수제 아이스크림

음료

모든 종류의 즙(농축과즙이 아닌 착즙), 코코넛워터,
무첨가 두유, 오트밀크, 아몬드밀크

빵

깜빠뉴, 바게트, 치아바타, 포카치아, 베이글

채식 나침반

와인은 '지식으로 마시는 술'이라고 한다.

채식도 마찬가지다. 채식, 지식으로 먹는 음식이다.

'어떻게 채식을 시작해야 할지' '채식만 해도 괜찮은지' '해산물은 먹어도 괜찮은지' 등의 궁금증을 해결하기 위해 책을 적극적으로 활용하길 바란다. 책은 방대한 정보를 체계적으로 담아서 상세하게 보여 준다. 채식에 관한 서적을 책장에 꽂아 두고 궁금증이 생길 때마다 꺼내서 관련 내용을 확인하자. 나는 채식에 꽤 익숙해져 있지만 가끔 채식 하는 일이 느슨하다고 느껴지면 책을 꺼내서 다시 읽어 본다. 느슨해진 채식을 바로 잡고 초심으로 돌아가는 데 책만큼 좋은 것은 없다. 채식을 오래할 수 있는 비결 중 하나는 끊임없는 '지식의 실천'이다.

『맥두걸 박사의 자연식물식』

클린턴 전 미국 대통령의 자문의를 역임한 맥두걸 박사가 자신이 18살에 걸렸던 뇌졸중의 원인을 육류와 유제품의 지나친 섭취 때문이라고 밝히면서 알게 된 영양학적 사실들을 적어 놓은 자서전 같은 책이다. 또한 실제로 육류와 유제품 심지어 모든 종류의 오일과 가공 식품을 식단에서 배제한 엄격한 채식을 연구하고 스스로 실천한 사람의 목소리이다. 심지어 육류와 유제품 소비의 본고장이라고 할 수 있는 북미에서 엄격한 채식인 '자연식물식'을 주장하는 용기에서 국민의 건강을 위해 옳은 가치를 선택한 저자의 양심을 느낄 수 있어서 더욱 신뢰가 간다. 책 내용대로 채식을 하면서 이 책의 내용이 모두 사실임을 경험했다. 이 책은 영양에 대한 '진실'이다.

『어느 채식의사의 고백』

채식의 기초를 닦기에 좋은 책이다. 맥두걸 박사의 첫 저

서로 사회적 통념처럼 여겨졌던 영양 지식에 대한 오해와 오류를 지적하고, 연구와 조사를 바탕으로 다양한 사례를 들어 구체적으로 쓰여졌다. 『맥두걸 박사의 자연식물식』을 먼저 읽고 보다 상세하게 영양에 대해 알고 싶다면 추천한다.

『다이어트 불변의 법칙』

우리가 채식을 해야 하는 근본적인 이유를 몸의 신진대사 과정을 근거하여 설명한 책이다. 올바른 채식에 대한 가치관을 정립할 수 있다.

『무엇을 먹을 것인가』

이 책의 핵심은 늘 화제의 중심에 있는 '단백질'이다. 저자 콜린 캠벨은 단백질 분야의 권위자다. 특히 세계적으로 유명한 '중국 프로젝트'를 통해 밝힌 '동물성 단백질이 우리 몸에 미치는 영향'을 자세하게 책에 서술했다.

『식습관의 인문학』

채식은 식습관이다. 식습관을 운영 체제로써 잘 활용해야 소프트웨어에 해당하는 음식을 잘 먹을 수 있다. 무엇을 먹어야 할지도 알고, 그것이 몸에 미치는 영향도 알지만 정작 채소가 맛이 없어서 채식을 할 수가 없다면, 원인은 식습관이다. 식습관은 바뀔 수 있을까. 동물성 식습관에서 채소를 좋아하는 식습관으로 바뀌어야만 채식을 할 수 있는데, 과연 가능할까. 저자는 얼마든지 바뀔 수 있다고 주장한다. 식습관을 정복하면 채식의 절반은 성공이다. 이 책이 지름길이 되어 줄 것이다.

『우리는 왜 개는 사랑하고 돼지는 먹고 소는 신을까』

왜 사람들은 생명을 귀중하게 여기면서도 고기를 먹을까? 그동안 아무도 대답할 수 없었던 이 질문에 대해 심리학자이자 비건 운동가인 멜라니 조이는 인식의 차이 때문이라고 답한다. 우리는 개는 친구라고 생각하는 반면 소는 생명이지만 고기라고 생각한다. 이렇게 생각하게 된 데는 사회문화적으로 형성된 스키마 때문인데, 스키마란 외부에서 들어온 정보를 정리하고 해석하는 심리적 틀이다. 이 틀을 통해 사고하는 과정에서 본래 동물을 사랑하고 아끼는 인간의 마음을 보호하기 위해 우리는 이른바 먹는 동물에 대한 공감을 스스로 차단하고 무감각한 상태로 만든다. 이 책은 우리의 시선이 닿지 않았던 육식의 사각지대로 이끌어 준다.

Chapter 3

실행하다

나의
채식 연대기

이가 없으면 잇몸으로

채식을 하면 어쩔 수 없이 요리를 하게 된다. 특히 나처럼 건강을 위해 채식을 시작한다면 요리는 필수다. 그렇다고 처음부터 대단한 음식을 만들었던 것은 아니었다. 매 끼니를 어떻게든 때운다는 생각으로 채식을 시작했다.

그래서 요리는 고사하고 주로 먹기 시작했던 음식은 쌈장과 쌈채소였다. 쌈채소가 있으니 자연스레 생채소도 함께 곁들여 먹었다. 가끔씩 콩나물을 물에 데쳐 함께 먹기도 했다. 거의 채소를 생으로 먹거나 데치는 최소한의 조리만 해서 먹었기 때문에 요리에 대한 부담은 없었다. 양념도 고추장이나 된장을 그대로 놓고 먹었고, 유일하게 즐겼던 양념은 '소금'이었다. 소금은 모든 음식을 맛있게 만들어 주는 마법의 결정체였고, 소금을 적극적으로 활용하여 채소를 먹었다.

소금을 활용한 예로는 채소 구이가 있다. 애호박, 가지, 당근, 양파 등 다소 딱딱한 채소를 5mm 두께로 잘라서 오일 없이 달군 팬에 그대로 올린 뒤에 소금을 뿌려서 굽는다. 이때 추가로 곁들이는 향신료는 후추다. 향신료는 열을 받으면 발향이 더 강해지는데 후추만의 매콤한 특유한 향이 채소의 풍미와 어우러져 입 안에 군침이 고이도록 만든다. 때론 채소를 찜틀에 올려 놓고 쪄 먹기도 했다. 뜨거운 수증기를 머금어 따뜻해진 채소 역시 소금만 있으면 그 자체로 풍미가 훌륭한 음식이자 반찬이었다.

특히 채식 초반에는 자연식물식을 했기 때문에 요리에 대한 부담을 많이 갖지 않았다. 찌거나 굽고 생으로 먹는 정도의 조리가 전부였다. 처음 채식을 시작할 때 당황했던 모습과는 달리 시간이 지나면서 이런 조리 과정이 편하게 느껴졌다. 식사 준비 시간이 채식을 하기 전과 비교하여 급격히 줄어들었고, 소금 외에는 다른 양념을 사용하지 않고 심지어 오일도 전혀 사용하지 않았기 때문에 설거지에 대한 부담이 사라졌다.

채식을 시작한 때가 봄이 막 지난 시기로, 제철 채소가 다양하게 많이 수확되어 얼마든지 신선하고 향미가 좋은 채소를 구할 수 있었다. 채소 밥상이 지겨울 때는 과일을 원 없이 먹거나 고구마나 감자를 구워서 식사를 대신해서 먹기도 했다. 때론 감자나 고구마를 함께 밥에 섞어서 먹기도 했다.

더 넓은 채식 세상으로

요리의 부담이 없는 편안한 채식 생활에도 불구하고 마음 한구석에는 과거에 먹었던 음식에 대한 그리움이 남아 있었다. 특히 마요네즈와 꾸덕한 크림파스타 같은 유제품이 들어간 음식을 더 이상 먹을 수 없다는 사실이 아쉬웠다. (새삼 음식이 삶에 미치는 영향이 크다는 사실을 이때 처음 깨달았다.) 음식의 미련을 극복하기 위해 좀더 다채로운 채식 음식이 필요했고, 가능하다면 먹고 싶은 동물성 음식을 대체할 만한 새로운 음식이 필요했다.

그래서 새로운 요리법을 알아보면서 마크로비오틱을 비롯해서 블로그와 동영상 등을 참고하며 다양한 채식 음식을 만들기 시작했다. 두유로 만드는 식물성 마요네즈, 두유 크림파스타, 채식 베이킹, 채소 수프 등 요리법을 배우고 만들면서 한식에만 머물렀던 채식이 점차 다양한 서양 음식으로 범위를 넓혀 갔고, 기존 동물성 음식을 대체할 만한 음식들도 식물성으로 만들 수 있었다. 그러면서 자연스럽게 딜, 바질, 큐민 등과 같은 향신료에도 관심을 갖게 됐고, 더불어 향신료와 관련 있는 음식들도 만들게 됐다.

내게 필요한 채식

다양한 음식을 만들어 먹으면서, 나는 채소의 무한한 가능성을 다시금 실감했다. 채소는 기본적으로 저마다의 감칠맛과 향을 가지고 있어서 그 자체만으로도 입맛을 당기게 하는 훌륭한 음식이다. 그렇기 때문에 요리에 관해 아주 약간의 지식만 있으면 얼마든지 맛 좋은 음식을 쉽게 만들어 낼 수 있다는 자신감을 얻게 됐다.

내게 필요한 채식은 편하고 언제든 쉽게 만들어 먹을 수 있는 음식이어야만 했다. 이것을 가능하게 만들어 준 음식은 바로 '한식'이다. 한식은 내가 생각하고 있던 일상에 필요한 채식의 조건을 모두 갖추고 있었고, 채소의 가능성을 마음껏 발휘할 수 있는 좋은 요리법이었다. 나는 한국인이고, 어릴 때부터 한식을 주식으로 먹고 살았는데 채식으로서의 진가를 왜 진작에 몰랐을까 하는 늦은 후회를 하기도 했다.

한식 덕에 채소 요리는 편해지고 맛깔났는데, 모두 양념장 덕분이었다. 한식의 양념장은 맛 자체는 거칠지만 채소와 함께 섞였을 때 채소 본연의 맛을 잘 살리면서, 요리 전체의 풍미를 더한다. 내가 생각하는 이상적인 채식 음식의 모습이다. 또한 간장, 고추장, 된장은 숙성되면서 만들어진 깊은 감칠맛이 있어서 특별한 기술 없이도 각 장을 자신의 입맛대로 배합하거나 단독으로 사용해서 맛있는 음식을 만들 수 있다. 예를 들어, 고추장찌개와 된장찌개는 다양한 채소를 끓여 우려낸 국물에 고추장이나 된장을 풀면 되고, 고추장과 된장을 2:1 정도로 배합하여 순두부찌개의 양념장으로 쓸 수도 있다. 여기에 감칠맛이 부족하면 국간장을 추가하여 맛을 내면 되고, 풍미를 더 내고 싶으면 소금을 조금 쓰면 된다. 뿐만 아니라 철마다 나오는 나물을 데쳐서 국간장, 소금, 들기름으로 조물조물 무쳐 내기만 하면 금방 맛깔나는 음식이 탄생한다. 시중에 나오는 장들은 모두 양념이 어느 정도 가미되어 나오는 이른바 맛이 배어 있는 '맛장'이다. 이런 장들은 맛을 내야 한다는 요리의 부담을 많이 덜어 주기 때문에 누구나 큰 어려움 없이 한식을 맛있게 즐길 수 있다.

한식의 최대 장점은 건강과 직결된 음식 섭취의 지속성이다. 한식은 채소를 기본 식재료로 장을 더하는 형식이다. 대부분의 음식이 저지방·저칼로리이고, 식이섬유가 풍부하다. 또한 쌀을 주식으로 하기 때문에 포만감이 오래 유지되어 밥만 잘 챙겨 먹어도 특별히 다른 음식의 섭취가 필요없다. 한마디로 평생 맛있는 음식을 즐기면서 건강하게 살 수 있다는 이야기다.

나는 현재 한식을 주식으로 채식을 하고 있다. 현미밥에 밑반찬 몇 가지 그리고 즉석으로 만드는 음식 하나 정도로 식사를 챙긴다. 또한 가끔씩 자연식물식을 하며 먹었던 음식들도 식탁에 종종 오르고 있고, 주말이나 공휴일에는 여러 채식 베이커리와 채소 수프 등으로 브런치를 즐긴다. 채식 덕에 알게 된 다양한 음식은 동물성 음식에 대한 목마름을 가시게 했다. 채식 때문에 먹는 즐거움을 잃은 줄 알았는데 그게 아니었다. 오히려 더 많은 음식과 건강으로 삶을 가득 채우고 있었다.

억눌린 욕망으로부터의 해방

채식을 하기 전에는 음식을 먹으며 늘 살이 찔까 봐 더 먹고 싶은 욕망을 억누르려고 애썼고, 과식이라도 하게 되면 죄책감에 시달리며 자책하기 일쑤였다. 과식을 한 날에는 어김없이 몸이 땀으로 흠뻑 젖을 때까지 달리고 또 달렸다. 평생 그런 마음으로 음식과 식욕 사이에서 줄다리기를 하며 시간을 보냈다.

또한 끊임없는 다이어트의 쳇바퀴 속에서 살아야 했다. 오늘은 몇 칼로리를 소모했는지 그래서 체중은 얼마나 줄어들었는지 조마조마한 마음으로 눈금을 쳐다봤다. 난 한 번도 건강을 위해 운동을 해 본 적이 없었다. 그저 살을 빼기 위해 어쩔 수 없이 견뎌야 할 고행으로 생각했다. 누구나 그렇게 하고 있으니까 당연한 일이라고 스스로를 합리화했다. 그렇게 힘든 시간을 보내고 어느 정도 살이 빠지고 원하는 체중까지 내려가면 즉시 운동을 멈췄다. 그리고 살이 찌면 다시 이를 악물고 운동에 매진했다. 먹고, 살이 찌고, 다시 운동하는 반복되는 과정에 내 마음과 몸은 늘 지쳐 있었다. 안 먹자니 먹고 싶고, 먹으면 살이 찌는 내 모습이 안쓰러웠다.

그러나 채식을 하고부터는 먹고 싶은 욕망과의 힘겨운 줄다리기를 그만뒀다. 식욕이 나를 이끄는 대로 먹고 즐겼다. 식사가 시작되면 살이 찐다는 부담을 내려놓고 편안하고 즐겁게 음식을 즐겼다. 살이 찔까 봐 불안해하고, 많이 먹는 내 모습에 대한 타인의 시선을 걱정하는 **비틀리고 억눌린 욕망에서 해방된 것이다. 배부를 때까지 먹고 즐겨도 전혀 스트레스 받지 않는 그 자체가 처음 느껴보는 기쁨이자 치유였다.**

나는 배가 충분히 부를 때까지 먹는다. 포만감만이 내가 식사를 멈추게 하는 유일한 브레이크다. 현미의 식이섬유와 천연 탄수화물 그리고 채소의 항산화 물질은 우리에게 진정한 포만감을 주면서도 살이 찌지 않게 한다. 걱정 말고 충분히 먹고 즐기자. 걱정 없이 먹는 자유를 만끽하자.

즐거운 채식을 위한 마음 자세

생애 첫 채식의 첫 단추 : 조금씩 천천히

나는 채식을 마라톤에 비유하곤 하는데, 채식은 식습관으로 적응하여 익숙해지기까지 오랜 시간이 걸리기 때문이다. 그래서 꾸준함은 매우 중요하며, 이 꾸준함은 채식에 대한 부담을 내려놓는 것에서부터 시작된다. 채식의 부담은 평소 당연하게 즐겨 먹었던 음식을 먹지 못한다는 불만족에 있다. 그래서 먹지 못하는 불편함 또는 불만의 정도를 낮추는 것이 채식을 꾸준히 실천할 수 있는 핵심적인 방법이다.

채식을 시작할 때, 먹지 않는 음식에 대한 원칙은 아주 단순하고 느슨해야 한다. 단순하고 쉬워 보여도 자신이 세운 원칙을 한두 번 지켜 나가다 보면 점차 원칙을 지키는 자신을 대견하게 생각하고, 동물성 음식을 먹지 않아도 괜찮다는 자신감도 생겨난다. 결국, 먹고 싶은 것을 먹지 못한다는 부정적인 감정이 긍정적인 감정으로 바뀌게 된다.

아주 단순한 원칙 한 가지에만 집중하면서 채식을 해 보자. 가령 '비덩주의처럼 덩어리로 된 살코기는 먹지 않는다'는 원칙부터 시작하는 것이다. 이것도 부담스럽다면 여러 방식을 적용하여 원칙 자체에서 오는 부담을 덜어낼 수 있다. 가령 일주일에 이삼 일 정도만 비덩주의로 살아 보는 것이다. 아니면 일주일에 단 하루 또는 단 한 끼만이라도 살코기를 먹어야 할 순간에 다른 선택을 해 보는 것이다. 고기가 들어 있는 찌개에서 고기만 빼고 먹는 대신 채소 반찬을 평소보다 많이 먹는 것이다. 아주 단순한 채식의 실천이지만, 거창하게 마음먹고 시작하는 것보다는 훨씬 부담을 줄이면서 보다 쉽게 채식의 발판을 만들 수 있다.

이렇게 단순한 원칙 아래에서 채식을 시작하면 된다. 이런 경험을 쌓아가면서 채식에 대한 의지를 스스로 확인하고 의지를 다져가면 된다. 자신이 정한 쉽고 단순한 원칙을 잘 지키기 시작하면 다른 동물성 음식도 서서히 줄여 나갈 수 있다. 집에서는 채소 반찬의 비율을 늘리고 바깥에서는 채소 반찬의 가짓수가 많은 메뉴를 고르는 등의 노력을 하면서, 동물성 음식이 줄어드는 자리를 조금씩 채소 요리로 채워 나가면 된다.

채식에 대한 익숙함은 입맛의 변화가 결정적인 역할을 한다. 입맛의 변화는 동물성 음식의 비율을 줄이는 동시에 채소 음식의 비율을 늘리는 것, 이 두 가지가 서로 영향을 주고받으며 일어난다. 동물성 음식의 섭취가 줄어드는 만큼 채소 음식의 섭취가 늘어날수록 우리의 감각 기관은 채소가 가진 향취와 식감에 점차 익숙해지면서 채소만으로도 충분히 맛있는 식사를 할 수 있을 정도로 즐거움을 느끼게 될 것이다.

채식을 하다 보면 자신의 신념이 무참히 무너지는 순간도 올 것이다. 눈앞에 놓인 동물성 음식을 무심코 먹을 수도 있다. 그러나 스스로를 탓하거나 죄책감을 느끼지 않았으면 좋겠다. 이런 일은 채식을 하는 누구에게나 쉽게 일어날 수 있는 일이다. 채식에 들인 시간은 모두 헛되지 않다. 채식을 꾸준히 실천하고 있었다면 우리의 입맛은 여전히 채소의 맛에 익숙해지도록 변하고 있다는 것을 기억했으면 좋겠다. 모쪼록 꾸준히 조금씩, 동물성 음식을 줄이고 동시에 채식에 대한 접촉을 늘리면서 채소를 섭취하며 느껴지는 감각적인 즐거움을 만끽하며 채식을 했으면 좋겠다.

지속가능한 채식을 위한 채소 습관 들이기

채식을 지속하는 것은 어려운 일이다. 몸뿐만 아니라 우리의 마음도 채식에 익숙해져야 한다. 어떻게 해야 몸과 마음 모두 채식을 식습관으로 받아들일 수 있을까.

최고의 변화는 정체성의 변화 : 채소를 좋아하나요?

『아주 작은 습관의 힘』비즈니스북스, 2019의 저자 제임스 클리어는 "최고의 변화는 정체성의 변화로부터 시작된다"고 말한다. 어떤 목표를 성취하든지 그 목표에 맞춰 정체성을 변화시키면 결과는 저절로 얻어진다는 말이다. 채식을 할 때도 마찬가지다. 채식을 시작하는 이유와 목표는 저마다 다르다. 하지만 그 목표를 달성하는 것보다는 **먼저 채소의 맛과 그 음식을 즐기는 사람이 돼야 한다.** 채소를 좋아하면 채식을 하는 과정이 생각보다 힘들지 않고 오히려 즐거울 때가 많다. 오이, 당근과 같은 생채소와 약간의 양념만으로도 식사를 맛있게 할 수 있다면 즐겁게 채식을 할 가능성이 높다.

무조건 채소만 먹으면 된다 생각하고 채식을 하면 동물성 음식을 먹고 싶은 충동에 사로잡힌다. 그러다가 한두 번 육식으로 치팅이라도 하게 되면 결국 목표에 대한 자신의 나약함에 실망해 채식을 포기하게 된다. 한 TV 프로그램에서 오랜 시간 채식을 하다가 삼겹살 구이를 어쩌다 먹게 돼, 이후 채식을 포기하고 말았다는 사연을 지닌 연예인을 본 적이 있다. 육식에 대한 생각과 욕망을 단순히 억누르는 방식으로 채식을 했기 때문에 생긴 결과였다. 그래서 비건을 목표로 삼기보다는 채식을 즐기는 사람이 먼저 돼야 한다. 채식의 핵심이라고 할 수 있는 입맛의 변화를 이끌기 위해서는 무엇보다 채식을 맛있게 즐길 수 있는 방법과 메뉴를 먼저 찾는 것이 우선이다.

아주 작은 채소 습관

내 경우, 채식이 완전한 일상으로 자리 잡아서 익숙하고 당연한 음식이 되었지만, 채식을 하기 전에는 고기를 먹을 때만 상추 같은 쌈채소를 곁들여 먹었고 평상시에는 김치를 조금 먹는 정도였다. 심지어 채식을 시작하던 시기에도 당근이나 파프리카, 브로콜리 등은 잘 먹지 못했다. 얇게 채 썬 파프리카를 입에 넣고 오물거릴 때 느껴지던 비릿한 채소 날것의 풋풋함이 기억난다. 그래서 채식 초기에 먹을 수 있었던 채소는 겨우 쌈채소뿐이었다. 과거 고기를 먹을 때마다 챙겨 먹었던 맛의 익숙함 때문이었다. 된장 또는 고추장을 함께 곁들여 먹었기 때문에 비릿하게 느껴지던 채소의 맛을 먹을 만하게 바꿔줬다. 그래서 우리 집 밥상에는 쌈채소가 주요 메뉴가 되었다. 아주 흔하고 사소한 메뉴였지만 그렇게 시작한 채식이 입맛을 바꾸는 데 큰 역할을 했다. 점차 다양한 채소를 맛보고 싶은 욕망이 생겨났고, 채소가 맛있어지기 시작했다. 채소에서 느껴지는 아삭함이 좋았고 잎과 줄기를 씹을 때마다 터져 나오는 수분은 시원하고 개운하게 느껴졌다.

채식을 시작한 지 얼마 되지 않아서 치커리, 쑥갓, 적채, 셀러리, 양상추 등 다양한 종류의 채소를 시도하면서 그토록 먹기 불편했던 브로콜리나 파프리카도 좋아지기 시작했다. 파프리카는 더 이상 비릿한 채소가 아니었다. 장미향이 느껴지는 향긋한 채소였고 씹을 때마다 혀끝을 두드리는 단맛이 일품이었다.

막막하기만 해 보이는 채식 메뉴의 답은 이미 나와 있다. 내게 익숙한 채소부터 밥상에 올려놓고 먹으면 된다. 그 채소가 반드시 쌈채소일 필요는 없다. 그리고 식사 때마다 채소를 충분히 먹고 즐기자. 충분한 식사로 포만감을 느껴서 채소만으로도 식사를 맛있게 할 수 있다고 느끼게 되면, 식사에 대한 기대감으로 다음 식사도 맛있게 할 수 있기 때문이다. 그렇게 채소를 먹는 횟수가 늘어나면 자연스럽게 채소의 맛과 향에 익숙해지고 채소를 좋아하게 될 것이다.

‘채식 의지’ 말고, ‘채식 이성’

명절에 친척들을 만나 우리 가족 모두가 채식을 한다고 이야기했을 때, ‘채소 외엔 아무것도 안 먹는다’는 것이 꽤나 화제가 됐다. 우리에게 제일 궁금해했던 점은 ‘도대체 무엇을 먹고 사는지’에 대한 것이었다. 우리가 먹는 음식의 종류에 대해 이야기했지만, ‘정말, 그렇게만 먹어도 되는지’ 의아해하며 ‘도저히 믿을 수 없다’는 반응부터 ‘나는 절대 못해’라는 반응까지 다양했다.

대부분의 사람들이 채식을 하기 두려워하는 이유 중 하나는 바로 ‘먹을 게 없다’는 것이다. 하지만 먹을 게 없지 않다. 단지 채소에 관심 갖지 않았을 뿐이다. 또한 육류에 대한 오랜 익숙함과 이로 인해 생긴 음식에 대한 고정관념이 그런 생각을 하도록 만든 것도 있을 것이다.

어떤 이유에서든 채식을 하고 싶거나 관심이 있어서 ‘채식을 한번 해 볼까’ 생각하는 사람들에게는 주변에 채소나 과일 이 외에도 먹을 게 많다는 사실은 단점으로 작용한다. 채식이 좋은 줄 알지만 손만 뻗으면 정말 간편하게 즐길 수 있는 수많은 음식들을 내버려 둔 채 오직 채소만 먹으려고 발버둥치는 자신의 모습이 왠지 초라해 보이기 때문이다.

결국 스스로 의지박약이라고 생각하며 돌아설 가능성이 크다. 내 상황에 따라 또는 그날의 기분에 따라 의지는 강해질 수도 있고 금방 약해질 수도 있다. 그래서 의지는 원래 믿을 만한 것이 아니다.

나는 채식을 '문제 해결'이라는 '이성적인 관점'을 가지고 시작했다. 채식을 하며 겪게 된 어려움을 감정적으로 받아들이기보다 내 일상에서 채식으로 먹을 수 있는 메뉴들이 무엇이 있는지부터 생각했고 오직 오늘 먹을 끼니만을 생각했다. 나는 하루하루 매 끼니를 해결하며 성취감을 맛보았다. 성취감을 맛본 내 자신은 스스로 열등하거나 초라하게 느껴지지 않았고 오히려 대단하게 느껴졌다. 이렇게 채식은 해결 가능한 이성적인 문제다.

본격적인 입맛 바꾸기

식습관에서 반드시 바꿔야 할 가장 중요한 것은 다름 아닌 입맛이다. 입맛에 맞지 않는 음식을 억지로 먹는 것만큼 괴로운 일은 없다. '채소는 맛이 없다'는 편견은 입맛에서부터 시작됐다. 그러나 입맛이 바뀌면 채소는 치킨만큼이나 자신이 제일 좋아하는 음식이 될 것이다. 이제 입맛 바꾸는 방법을 알아 보자.

왜곡된 우리의 입맛

'시작이 반'이라고 했다. 입맛만 바뀌어도 채식의 절반은 성공이다. 입맛은 채식을 즐기며 오랜 시간 유지할 수 있는 가장 핵심적인 키워드이다. 또한 채식에 대한 모든 염려를 대부분 불식시킬 수 있는 '최고의 전략이자 해결책'이다. 내가 채식을 오랜 시간 즐기며 할 수 있었던 핵심적인 이유 중 하나도 달라진 입맛 덕분이라고 할 수 있다.

'어떻게 채소만 먹고 살아요'라는 의심에는 두 가지 우려가 있다. '채소만 먹는데 영양 공급이 제대로 이루어질 수 있을까' '채소는 맛이 없다'는 걱정이다. 이 우려 중에서 가장 관심 가는 대목은 바로 '채소의 맛'이 아닐까.

그러나 채소가 맛이 없다는 문제 원인은 채소에 없다. 우리는 문제 원인을 외부에서 찾는 경향이 있는데, 실제로는 우리 내부에 있는 경우가 대부분이라는 것을 기억하자. 채소가 맛이 없는 근본적인 이유는 채소를 맛있게 느끼지 못하는 '왜곡된 입맛'에 있다.

현재 우리의 입맛은 뾰족하고 자극적인 맛에 길들여져 있다. 그리고 식재료의 맛을 잘 살린 음식의 맛은 '건강한 맛'이라고 생각하지만 '맛있다'고 느끼지 않는다. 채소의 향미는 복합적이고 순하며 자극적이지 않다. 바로 채소의 수분 때문이다. 아무리 자극적인 양념을 더하더라도 채소의 수분이 자극적인 양념을 순화시켜 음식 전체의 풍미를 조화롭고 부드럽게 만든다. 이런 음식이 외식과 가공 식품에 익숙해진 요즘 사람들의 입맛을 만족시키기는 어렵다. 그렇기 때문에 채소가 영양상 문제가 없다고 이해하더라도 결국 '채소의 맛'이 채식을 시작하는 우리의 발목을 잡을 게 뻔하다.

수비형 채식

왜곡된 우리 입맛의 균형을 잡을 수 있는 가장 확실하고 효과적인 방법이 있다. 외식을 자제하고, 가공 식품을 멀리하는 것이다. 하지만 처음 채식을 시작하는 순간부터 두 가지를 한 번에 제한하기는 쉽지 않다. 우선 '가공 식품을 멀리하기'를 실천해 보길 추천한다. 이탈리아 축구가 수비에 중점을 두는 이유는 '수비는 실점을 막는 동시에 최소한 비기는 결과를 만들어 내는 승리의 발판'이 되기 때문이다. 가공 식품을 먹으면서 채식을 시작하면 이미 실점을 하면서 시작하는 것으로, 입맛을 바꾸는 경기에서 승리하기 어렵다. 그래서 가공 식품을 먹지 않는 '수비형 식습관'으로 입맛을 바꾸기 시작하는 것이 우선이다.

가공 식품을 단번에 끊는 것이 어렵다면, 최소한 식품 첨가물이 들어가지 않은 가공 식품만을 찾는 노력이 필요하다. 식품첨가물이 들어가지 않은 음식을 고르는 일은 의외로 쉽다. 가공 식품 포장지 뒷면의 성분 표시란을 살펴보면 된다. 성분 표시란에 알 수 없는 많은 첨가물이 적혀 있다면 그 음식은 피해야 한다. 이렇게 첨가물이 많이 들어간 음식을 피하는 것만으로도 입맛을 살리는 데 많은 도움을 받을 수 있다.

입맛은 채식을 시작하고 유지하기 위해 통과해야 할 첫 번째 관문이다. 이 부분에 대한 확실한 해결책이 선행되어야 채식을 꾸준히 지속할 수 있다.

학습된 입맛, 바뀔 수 있다

우리의 입맛은 선천적 식습관이 아닌 학습된 식습관에서 시작되었다는 것을 알아야 한다. 음식 작가이자 역사가인 비 윌슨Bee Wilson은 '음식 선호는 학습을 통해 생긴 것이며, 식습관이 학습을 바탕으로 뿌리내린다는 사실을 모르면 현재 우리의 식습관이 봉착한 위기의 본질을 제대로 이해할 수 없다'고 했다. 또한 누구나 식습관을 개선할 수 있는 잠재력이 있다는 사실을 『식습관의 인문학』문학동네, 2017에서 밝혔다. 즉 우리에게는 여전히 입맛을 바꿀 기회가 있는 것이다.

우리가 태어나자마자 먹는 모유와 분유를 시작으로 이유식 그리고 그 이후에 먹는 모든 음식이 지금의 식습관을 결정했다. 결국 부모님의 식습관이 아이들의 식습관을 결정하는 셈이다. 그렇기 때문에 부모님의 음식에 대한 선호나 편견으로 인해 어떤 음식은 너무 자주 접하기도 하고, 어떤 음식은 아예 접근조차 차단당하는 경우도 있다. 그래서 우리의 음식 취향과 선호는 애초에 자신도 모르게 왜곡되어 있을 가능성이 크다.

채식을 하려면 다양한 채소의 맛에 대한 열린 태도를 갖는 것이 중요한데, 이미 자신의 입맛이 고정된 것이라는 편견을 갖고 있다면 사실상 채식을 하는 데 많은 어려움을 겪을 것이다. 어떤 채소를 앞에 놓고 '한번 먹어 볼까' 하며 맛보기를 시도하는 태도와 반대로 '난 원래 이런 채소를 싫어해'라며 선을 긋고 시도조차 하지 않는 태도를 비교할 때, 입맛이 변할 가능성은 극명하게 달라지기 때문이다. 그래서 우리가 가진 입맛이 애초에 학습됐다는 것을 깨닫는 것이 매우 중요하다.

입맛을 바꾸기 위한 실천사항

행동심리학에서 본 식습관은 말 그대로 '학습'이다. 행동심리학자 엡 쾨스터르Ep Köster는 식습관은 "오로지 경험을 통해 다시 배움으로써만 바꿀 수 있다"고 했다. 그렇다면 어떻게 배워야 할까. 전문가들은 그 방법을 '규칙적인 식사'라고 입을 모았다. 주기적인 식사는 채소의 맛을 지속적으로 후각과 미각에 노출시킬 수 있는 가장 좋은 방법이다. 특정 음식에 대한 지속적인 노출(최소 15회 이상)은 언제든 입맛에 영향을 주고 입맛이 바뀌도록 할 수 있다고 한다. 그렇다면 삼시 세끼만큼 효율적으로 입맛을 바꿀 수 있는 더 좋은 방법이 있을까.

그래서 하루 세 번의 끼니를 늘 비슷한 시간에 같은 형태의 식사로 유지하는 것이 중요하다. 물론 때에 따라서는 아침을 먹지 않거나 저녁 식사를 간단히 과일 정도로 대체할 수 있다. 최소한 점심 식사를 중심으로 하루 두 끼 정도를 유지하는 것이 좋다. 평소 군것질을 자주했다면 차라리 적은 양을 먹더라도 세 끼를 모두 챙겨 먹어서 적당한 포만감을 유지하는 것이 좋다. 포만감이 지속되면 충동적인 군것질을 멈출 수 있다. 필요하다면 군것질을 완전히 끊기 위해서 하루 네 번의 끼니를 챙겨 먹어도 괜찮다. 군것질 대신 식사를 하는 것이다.

우리 가족은 주말에 점심을 먹은 이후에 허기가 지면 간식이 아닌 밥을 먹는다. 보통 4~5시 사이인데, 이때 저녁 식사 겸해서 일찍 밥을 먹으면 간식 없이도 저녁 시간을 여유롭게 보낼 수 있다. 만약 다른 활동으로 배가 일찍 고파지면 과일을 조금 먹으면서, 허기를 달래면 된다. 이렇게 식사를 하면 일찍 음식물을 소화시킬 수 있기 때문에 편안한 기분으로 잠도 잘 오고, 일어났을 때 소화로 인한 에너지 소모도 없어서 좋은 기분으로 하루를 시작할 수 있다.

프랑스의 엄마들이 아이들의 미각이 발달되도록 장기적인 노력을 하듯 우리도 장기적인 관점으로 입맛을 바꿔야 한다. 그리고 식사는 반드시 밥과 반찬의 형식을 갖추어야 한다. 밥과 김만으로 구성해도 괜찮다. 현미를 주식으로 하는 식사를 권한다. 현미에는 식이섬유와 비타민을 포함한

다양한 영양소가 풍부하며, 현미의 식이섬유는 혈당을 안정적으로 유지시켜 주기 때문에 포만감을 지속적으로 느끼게 해 준다. 갑작스럽게 혈당이 떨어져서 군것질거리를 찾거나 허기짐으로 인해 심리적으로 예민해지는 것을 막을 수 있을 것이다.

한 번 맛보면 팬이 되는
팬케이크

재료

박력분 100g, 소금 큰술, 설탕 1.5큰술
베이킹파우더 1큰술, 현미유 10g, 무첨가두유 150g

만들기

1 모든 재료를 밀가루 낱알이 보이지 않을 때까지 고루 섞는다.
2 반죽을 그대로 냉장고에 20분 정도 넣어 휴지시킨다.
3 프라이팬을 중불에서 3분 동안 달군 뒤, 국자로 떠서 둥근 모양으로 팬에 붓는다.
4 가장 자리가 익으면 뒤집개로 팬케이크를 뒤집는다.

TIP

* 팬케이크의 지름은 12cm 정도가 적당하다.
* 구울 때, 팬에 기름을 두르지 않아도 된다.
* 전체적으로 연한 갈색빛이 돌게 굽는 것이 포인트다.

모든 이의 입맛에 떡하니 달라 붙어
순두부 떡국

재료

떡국떡, 순두부, 자른 다시마 15장, 물1L,
표고버섯, 조미김 또는 김자반, 국간장, 후춧가루, 가는소금

만들기

1 찬물에 다시마를 넣고 1시간 동안 다시마 채수를 우려낸다.
2 파는 3mm 굵기로 어슷썰기 한다.
3 표고버섯은 5mm 두께로 채를 썰고, 대 부분은 밑동을 조금 잘라내고 세로로 길게 반 자른다.
4 다시마 채수를 냄비에 넣고 끓으면 떡과 표고를 넣고 떡이 동동 뜰 때까지 끓인다.
5 떡이 익고 국물이 뿌옇게 변하면, 순두부를 넣고 숫가락으로 으깨 2분간 끓인다.
6 국간장을 1큰술 넣고 맛을 본 뒤 맛이 부족하면 1큰술 더 넣는다. 부족한 간은 소금으로 하고, 국간장으로도 간이 맞으면 더 넣을 필요는 없다.
7 불을 끄고 잠시 식힌 후 김가루와 후추를 곁들이고 파를 고명으로 얹는다.

호텔식
감자 수프

재료

양파 1/2개, 감자 3개, 올리브오일
후춧가루, 가는소금, 건바질

만들기

1 냄비에 올리브오일을 두르고 채썬 양파를 넣고 볶는다.
2 양파에 약간 갈색빛이 돌면 껍질을 벗겨 한입 크기로 조각 낸 감자를 넣는다.
3 감자가 잠길 만큼 물을 붓고, 바질을 조금 뿌려 넣는다.
4 냄비의 뚜껑을 닫고 15~20분 정도 감자가 푹 익을 정도로 끓인다.
5 감자가 익으면 핸드 블랜더로 수프 같은 크리미한 질감이 날 때까지 곱게 갈아 준다.
6 취향에 따라 후추를 곁들이고 소금 간을 한다.

TIP

감자를 갈 때, 물을 부어서 원하는 농도를 맞춘다.

홈메이드
전주 콩나물비빔 김밥

양념 재료

고추장 2큰술, 식초 1큰술,
참기름 또는 들기름 1큰술, 다진마늘 1/2큰술

그 밖의 재료

따뜻한 밥 한 공기, 콩나물무침, 가는소금

만들기

1 양념 재료를 골고루 섞은 뒤 냉장고에서 10분 정도 숙성시킨다.
2 따뜻한 밥에 양념을 원하는 만큼 넣고 섞는다.
3 김에 밥을 얇게 깔아 준다.
4 콩나물무침을 속재료로 가로로 길게 한 줄로 넣는다.
5 밥과 콩나물 사이가 벌어지지 않도록 김밥을 말아 준다.

쌈장 밥프리카

양념 재료

된장 1큰술, 고추장 1큰술, 설탕 1큰술,
참기름 또는 들기름 1큰술, 마늘 1큰술, 다진 파 1큰술

그 밖의 재료

여러 가지 색의 미니 파프리카

만들기

1 양념장은 설탕이 완전히 녹을 정도로 잘 섞는다.
2 세척한 미니 파프리카는 세로로 길게 반으로 갈라서 씨를 모두 제거한다.
3 준비해 둔 밥에 양념을 잘 섞는다.
4 양념장에 잘 비빈 밥을 파프리카 안에 채운다.
5 통깨를 위에 뿌려 보기 좋게 그릇에 담는다.

TIP

* 파프리카는 수분이 많기 때문에
양념된 밥이 조금 짭짤해야 맛있다.

무침개

재료

무우, 메밀가루, 물, 가는소금

만들기

1 물과 메밀가루를 2:1의 비율로 골고루 잘 섞는다.
2 가는소금은 1작은술씩 넣고 섞으면서, 반죽이 심심하지 않을 정도로 간을 맞춘다.
3 잘 씻은 무를 가로로 눕히고, 3mm정도의 두께로 얇게 썬다.
4 프라이팬에 기름을 넉넉히 두르고 중불에서 3분간 프라이팬을 가열한다.
5 무의 끝을 젓가락으로 집어서 반죽을 앞뒤로 묻힌다.
6 달궈진 기름에 반죽을 무친 무우를 부친다.
7 가장자리가 익으면 뒤집는다.

김 부침개

재료

물, 기름, 밀가루, 가는소금, 김밥용 김

만들기

1 물과 밀가루를 1.2 : 1 비율로 골고루 잘 섞는다.
2 가는소금을 1작은술씩 넣고 섞으면서, 반죽이 심심하지 않을 정도로 간을 맞춘다.
3 프라이팬에 기름을 넉넉히 두르고 중불에서 3분간 가열한다.
4 김밥용 김을 4등분한다.
5 자른 김에 반죽을 앞뒤로 골고루 묻힌다.
6 뜨거워진 프라이팬에 반죽을 무친 김을 부친다.
7 부침개의 가장자리가 익으면 뒤집는다.

TIP

* 반죽에 강황 가루를 넣으면 색깔이 더욱 먹음직스럽게 바뀐다.

* 부침개용 간장을 곁들이면 더욱 맛있다.

만드는 법: 간장과 식초를 2:1의 비율로 섞은 뒤, 다진 청양고추를 넣는다.

Chapter 4

실패하고 극복하다

채식
이방인

우리는 빨리 목표에 달성하기를 원하지만 현실은 그렇지 않다. 목표 달성은 시행착오를 통해 이루어진다. 실수했다고 달성 과정이 퇴보하거나 멈추는 것은 아니다. 오히려 실수는 목표 달성을 위해 한 걸음 더 나아가게 하는 밑거름이 된다. 그러므로 실수해도 여전히 목표를 향해 걷고 있음을 기억하자.

채식과 육식, 그 사이 어딘가에서 : 끼인 존재

열정을 갖고 처음 채식을 시작할 때는 채식 그 자체에 몰

두하느라 주변을 신경 쓰지 않았다. 하지만 시간이 지나면서 서서히 '내가 살고 있는 세상은 어떤 세상인지' '그 세상 속에 사는 나는 어떤 모습인지' 알게 됐다. 나는 육식의 세상과 채식의 세상 그 사이 어디가에 끼인 존재였다. 그런 나의 존재는 내 앞에 놓인 밥상을 볼 때 고스란히 드러났다. 소고기, 삼겹살, 소시지가 빠진 밥상은 어딘가 모르게 허전해 보였다. 그동안 동물성 음식이 항상 식탁에 올랐기 때문에 그렇게 느꼈는지도 모른다.

고기가 나에게 주었던 이미지는 힘, 건강, 보상, 고급스러움 등이었는데, 그런 이미지가 사라진 밥상은 맑고 신선해 보였지만 예전처럼 힘든 하루를 겪은 내 자신을 격려하는 보상의 느낌은 어디에도 없었다. 머리로는 채식을 잘 알고 있었고, 심지어 육체적으로도 채식의 긍정적인 경험을 했음에도 불구하고 여전히 채식은 빈약한 밥상이었다. 한동안 이러한 인지 부조화를 겪을 수밖에 없었다. 아주 오랫동안 육식 문화에 깊이 젖어 있었기 때문이다.

두 세계 사이에서 혼란스러워하여 그 어느 세계에도 속하지 못한 자로 살아갔다. 그리고 새로이 발을 디딘 세계는 아직 내가 완전히 알지 못하는 미지의 세상이었기 때문에 낯선 세계를 마주한 나는 어리둥절하기만 했다.

육식이라는 그릇에 채식을 담은 존재

채식을 하며 겪는 인지 부조화는 금단 현상 같이 당황스러웠다. 채식에 대해 느끼는 만족감과는 상관 없이 채식을 하기 전에 즐겨 먹었던 동물성 음식들이 계속 떠올랐다. 그럴 때마다 배달 앱을 열고 굶주린 듯 자꾸만 떠오르는 음식을 찾아 보기도 했다. 특히 피자나 오징어튀김, 치킨을 먹고 싶은 욕망이 넘쳐났다. 나는 겉으로는 채식을 하고 있었지만 보이지 않는 육식의 욕망이 곳곳에 숨어 있었다. 육식에서 벗어난 것이 아니라 외면하고 있었던 것이다. 육식에 대한 죄책감과 비건이라는 정체성에 대한 의심, 치팅을 하고 싶어 견딜 수 없어 하는 위선적인 모습에 대한 좌절감에 휩싸여 괴로웠다. 나는 육식의 그릇에 채식을 담은 존재였다.

아내는 괴로워하는 나를 보며 걱정하며, 괜찮은지 물었지만 괜찮지 않았다. 그래서 나는 아내에게 일주일에 한 번 피자나 튀김 중 하나를 마음껏 먹자고 이야기했고, 매주 금요일마다 점심으로 떡볶이와 튀김을 먹었다. 아무런 죄책감도 없이 정말 맛있게 즐겼다. 그렇게 즐기고 나면 어느새 튀김과 떡볶이에 대한 욕망이 가라앉았고 마음이 편안해졌다. 그리고 순간순간 치팅을 하고 싶은 마음을 다잡는 일도 조금 수월해졌다. 하지만 부작용도 있었다. 그렇게 시작한 치팅을 필요에 따라 합리화하기 시작한 것이다. 한번 맛들인 치팅은 식사 준비가 번거롭고 부담스럽다고 느낄 때 선택할 수 있는 메뉴가 되었고, 금요일뿐만 아니라 언제든지 원하면 아내와 이야기하여 쉽게 먹을 수 있었다.

그러나 예상 외로 이런 생활이 오래 지속되지는 않았다. 치팅을 할 때 좋아하던 음식의 맛과 향, 식감 등이 어느 순간부터 불편해지기 시작했다. 특히 피자 치즈는 너무 느끼했고 치즈의 원재료인 우유의 고소한 풍미가 '비린내'처럼 느껴지기도 했다. 오징어튀김에서도 해산물 특유의 비린내가 났다. 심지어 치팅을 할 때마다 몸 이곳저곳이 가려웠고, 소화도 잘 되지 않았다. 속에 뭔가 얹힌 것처럼 더부룩한 느낌마저 들 때가 많았다. 그렇지만 치팅을 하고 싶은 욕망이 너무나 컸기 때문에 이러한 불편함을 알면서도 먹을 수밖에 없었다.

결국 나는 아내와 치팅을 그만두기로 했다. 적어도 내가 먹고 불편함을 느끼게 된 음식은 이제 그만 먹기로 결심했다. 내 몸은 꾸준한 채식 덕분에 육식보다는 채식에 더 편안함을 느끼며 익숙해지는 듯했다. 그리고 이제 나는 과거에 머물렀던 세상으로 돌아갈 수 없다는 것을 깨달았다.

고작 950원짜리 라면에 흔들리는 인생이라니

채식을 시작하고 4년이 되어서야 비로소 대부분의 동물성 음식에 대한 유혹에서 벗어날 수 있었다. 가장 큰 이유는 채소로 만든 음식이 좋아졌기 때문이고, 둘째는 동물성 음식이 집에서 완전히 사라져서 더 이상 관심을 갖지 않았기 때문이다. 눈에서 멀어지면 마음뿐만 아니라 입에서도 멀어진다. 하지만 나에게는 동물성 음식을 먹고 싶은 욕망보다는 라면 같은 동물성 식재료가 함유된 식품의 탐닉이 더 큰 골칫거리였다. 특히 라면처럼 자극적인 풍미가 주는 쾌감은 일반적인 조리법으로는 흉내 낼 수 없는 맛이었기 때문에 그에 견줄 만한 채식 음식을 찾기는 어려웠다. 그래서 일상에서 정말 참을 수 없는 순간이 오면 먹었다.

라면은 특정한 때나 상황에 따라 문득문득 떠올라 나를

힘들게 했다. 차가운 바람이 불기 시작하면 얼큰한 신라면이 생각났고 추운 겨울에는 어묵이 들어간 뜨끈한 우동과 얼큰한 짬뽕, 심지어 탕수육도 함께 떠올랐다.

어느 날은 갑자기 라면 생각이 간절해져서 한참을 고민하며 안절부절못하다가 꼭두새벽에 라면을 사러 편의점으로 달려간 적도 있었다. 욕망 앞에서 여지없이 무너지는 '비건의 정체성'에 대해 나는 실망하고 좌절하기보다는 당장의 식욕을 채워야 한다는 사실에 허겁지겁 라면 봉지를 뜯었다. 그날 나는 라면을 3개나 먹어 치웠다. 그렇다, 나는 비건이다. 하지만 동시에 욕망에 비틀린 사람이다. 누군가 비난할 수도 있다. '비건이라고 이야기하면서 뒤로는 호박씨 깐다고.'

이렇게 창피하고 부끄러운 비건의 일상을 고백하는 이유는, 우리의 일상에서 단순히 먹는 것에만 한정 지어 보더라도 '식습관으로 비건이 되는 일이 어려운 현실'을 알리기 위해서다. 알아 두어야 할 것은 동물성 음식에 대한 욕구는 자신의 정서, 상황, 특정 시기, 인간관계, 심지어는 계절 등 복잡하게 얽힌 채로 평소에는 잠재의식 속에 깊이 잠들어 있다가 어느 순간 서슴없이 돌출된다는 것이 특징이다. 그래서 우리는 그런 욕구를 마음대로 조정할 수 없다. 욕구에 직면하게 되면 무력감이나 좌절감을 느끼고 심지어는 나처럼 사정없이 동물성 음식에 돌진해 버릴 수도 있다. 채식의 기간과는 상관없이 지속적으로 그리고 반복적으로 채식을 하는 누구에게나 이런 일은 일어날 수 있으며 그때마다 괴로울 수도 있다.

식습관을 바꾼다는 것은 쉬운 일이 아니다. 음식은 우리의 삶을 형성해 온 역할을 지속적으로 해왔다. 가족이나 친구 사이의 유대 관계 역시 먹는 것과 밀접한 관련이 있고, 스스로를 위로하기 위해 또는 자신의 삶을 즐기기 위해 택했던 수단이나 방식이기도 하다. 음식은 우리의 삶을 지탱하는 기억의 연결고리로 작용하고 있다. 그래서 음식을 바꾸는 일은 새로운 삶을 살아가는 것과 같다. 먹는 음식에 따라 몸이 달라지는 것은 당연하고 지니고 있던 생각과 세상을 바라보는 가치관도 달라진다. 뿐만 아니라 인간관계를 맺는 방식과 사회에 속한 자신의 위치도 달라진다.

음식은 내가 걸어온 길이고 앞으로 걸어갈 삶이다. 그런 인생의 커다란 변화 과정 가운데 동물성 음식에 대한 욕구는 인간을 쉽게 좌절시킨다. 하지만 인간은 본능에 충실하기도 하지만 본능을 거슬러 새로운 시도를 통해 의미를 찾기도 한다. 그렇기 때문에 스스로 자책하지 않았으면 좋겠다. 우리에겐 늘 극복해 낼 기회가 있다.

치팅을 해도 아직 우리는 비건이다

누구든 채식을 하는 과정에 뛰어들기 전까지는 자신이 무엇을 만나 어떻게 될지 상상조차 어렵다. 그렇기 때문에 자신의 삶을 바꾸면서까지 채식을 감행하는 우리는 그 어떤 시련에도 당당할 수 있다. 치팅으로 인해 자신감을 잃지 않았으면 좋겠다. 채식 자체로도 꽤 의미 있는 일이니까 말이다.

다행인 것은 시간이 지나면 라면과 같은 동물성 가공 식품에 대한 욕구뿐만 아니라 육식에 대한 욕구조차도 점차 사라지게 된다. 설사 그런 욕구가 남아 있다 하더라도 쉽게 감당할 수 있을 만큼 약해진다. 결국 '안 먹는다'에서 '못 먹는다'의 순을 밟게 될 것이다. 그래서 채식은 완성이 아닌 늘 현재 진행형이라고 생각한다.

치팅 분석

치팅, 너무 자연스러운 현상

동물성 음식을 먹고 싶은 욕구는 늘 우리 안에 자리한다. 단지 '채식해야 한다'는 목적 의식이 우선시되기 때문에 동물성 음식에 대한 욕구를 우리가 외면하고 있거나 생각하지 않을 뿐이다. 동물성 음식의 맛에 대한 기억, 그 음식을 먹을 때 느꼈던 감정 등은 추억으로 남아 우리의 잠재의식 속에 고이 잠들어 있다. 언제든 과거 동물성 음식을 먹었던 순간, 상황, 기억, 사람 등을 현실에서 다시 맞닥뜨리게 되면 그때

그 음식을 먹고 느꼈던 감정의 실마리가 살아나 음식에 대한 욕구를 불러일으킨다. 내가 그토록 오랫동안 라면을 잊지 못하고, 때마다 소환하여 먹을 수밖에 없었던 것도 마찬가지의 원리다.

그래서 채식을 하면서 느끼는 동물성 음식의 욕구는 너무나 자연스러운 현상 중 하나다. 그런 욕구가 일어난다고 해서 당황하거나 죄책감을 가질 필요가 없다. **욕구는 극복 대상이 아니다. 다스리는 대상이다.** 치팅을 하고 싶을 때마다 마음을 편안히 가지고 스스로에게 친절한 태도를 갖자. 채식은 평생을 실천해야 하는 식습관이다. 적어도 내가 채식을 한다는 생각이 들지 않을 정도로 채식이 습관이 되기 전까지는 말이다. 끼니든 간식이든 채식을 해야 하는 수많은 순간에 비해 치팅하는 순간은 찰나와 같다.

치팅을 해체하다 : 치팅 포인트

채식을 하기 전, 나는 치킨을 무척이나 좋아했다. 채식을 시작하면서도 종종 치킨이 생각나고 먹고 싶었다. 기억을 더듬어 보면 채식을 시작하고 3년 정도는 치킨을 먹고 싶은 욕구가 내 안에서 계속해서 일어났던 것 같다. 하지만 그런 욕구가 있을 때마다 치킨을 먹을 수는 없는 일이었다. 다른 음식보다도 유독 치킨만 생각나는 이유를 생각해 봤다. 나는 튀김도 좋아했는데, 치킨과 튀김은 튀기는 내용물이 다를 뿐이지 같은 종류의 음식이다. 이 두 가지 음식의 공통점으로 알아 낸, 내가 치킨을 좋아하는 이유는 바로 '바삭한 식감'이었다. 어떤 음식을 좋아하면 그 음식 자체를 좋아하기도 하지만 좀 더 들여다보면 특정한 음식을 선호하는 이유는 그 음식이 가진 매력 때문이다. 나는 치킨의 매력을 입에 넣고 뜯을 때 느껴지는 '바삭한 식감'이라고 생각했다. 그 바삭한 식감이 내게 치킨을 잊을 수 없게 만드는 '치팅 포인트'였던 것이다.

동물성 음식이 먹고 싶다면, 그 음식이 지닌 치팅 포인트가 무엇인지 한번 생각해 보면 좋겠다. 먹고 싶어 하는 음식의 포인트를 깨닫는 일은 매우 중요하다. 단순히 동물성 음식을 먹고 싶은 욕구, 그 자체를 억누르는 방식으로 치팅을 막으려고 한다면 오히려 그 음식을 먹고 싶은 욕구가 더 강해져서 폭식을 하듯이 치팅을 할 수도 있고, 자신의 모습에 실망해 채식을 하고 싶은 의지가 약해질 수도 있다. 한두 번은 참고 참다가 치팅을 할 수도 있다. 하지만 치팅하고 싶은 음식을 먹는다고 해서 그 음식을 먹고 싶은 욕구가 완전히 사라지는 것은 아니다. 오히려 치팅하고 싶은 음식을 먹으면 먹을수록 동물성 음식에 대한 면역력은 점차 약해져서 채식에서 점점 멀어질 수 있기 때문에 치팅이 습관이 되는 것을 굉장히 조심해야 한다.

몸에서 일어나는 일을 강제로 거스를 수는 없다. 채식을 하고 싶은 우리의 의지대로 몸이 반응하고 자연스럽게 이끌려 오도록 만들어야 한다. 그래서 치팅 포인트를 찾는 것이 중요하다. 우리 몸이 강한 인상을 느끼며 쾌감을 느꼈던 동물성 음식의 '와우 포인트'를 치팅 음식에서 찾으면, 그에 상응하는 대응책으로 채식 음식을 강구해 볼 수 있기 때문이다. 그러면 훨씬 더 안정적으로 치팅을 관리할 수 있다. 치팅 위기를 채식의 기회로 만드는 지혜가 필요하다.

치팅을 치료하는 법

치팅의 욕구를 물리적으로 없애는 것은 불가능하다. 일상처럼 나타났다 사라졌다 반복되는 치팅 욕구의 현상을 보며 마치 감기를 앓고 있다고 생각했다. 그래서 치팅에 대한 욕구를 감기로 생각하고 동물성 음식을 먹고 싶은 욕구에 대처해 보기로 했다.

STEP 1 : 예방

감기는 치료보다 예방이 중요하다. 이것을 치팅에 적용할 수 있다. 치팅하고 싶은 욕구를 불러 일으키지 않는 환경을 조성하는 것이다. 우리 집에는 군것질할 음식이 별로 없다. 동물성 음식은 전혀 없고 식사할 거리 외에는 과일과 차, 커피만 있다. 빵이나 과자도 먹지만 주말 혹은 특별히 먹고 싶거나 필요로 할 때만 구매를 하고 평소에는 집에 잘 사다 놓지 않는다. 그래서 농담 삼아 우리 집 아이들은 과일을 좋아하는 게 아니라 '좋아할 수밖에 없다'고 이야기한다. 식습관은 나름의 형식과 규칙이 있지만 눈에 보이지 않아 언제든 무너질 수 있다. 무형의 식습관을 지탱하는 것은 그 식습관을 지킬 수 있도록 만드는 환경이다. 인간은 환경에 적응하는 동물이다. 치팅할 거리가 없는 환경에 놓인다면 채식에 더 집중할 수 있다. 즉 치팅에 대한 관심을 갖지 못하도록 환경을 조성하는 것이다.

치팅을 할 가능성이 조금이라도 우리 주변에 있다면 어떨까. 내가 라면으로 치팅을 할 당시에는, 먹고 싶을 때마다 나가서 사오는 것이 귀찮아서 라면을 집에 사다뒀었다. 라면을 사면서 마음 한구석이 찜찜했지만 평소에는 라면을 보이지 않는 곳에 두었다가 정말 먹고 싶은 생각이 들면, 그때만 먹으면 된다고 생각하며 머뭇거리는 나를 설득하고 달랬다. 그러나 내 예상과는 다르게 집에 라면이 있다는 사실 그 자체에 늘 관심이 생겼다. 그리고 라면이 먹고 싶은 생각이 나를 충동질했다. 나는 치팅의 유혹을 다스린다는 명분으로 라면을 자주 끓여 먹었고, 어느 순간 죄책감이 밀려왔다. 밀려오는 죄책감에 떠밀려 나는 그동안 외면하고 있던 채식하는 사람으로서의 내 자신과 마주하게 됐다. 말과 행동이 다른 위선적인 자신에게 화가 난 나머지 뜯지 않은 라면을 모두 쓰레기통에 그대로 버렸다. 치팅할 음식을 곁에 두고 그 음식을 먹지 않을 비건은 그 어디에도 없을 것이다.

STEP 2 : 자연 치유

감기는 쉬면 저절로 낫는다. 치팅의 욕구를 다스리는 일 역시 그냥 내버려 두면 자연스럽게 욕구가 사라지기도 한다. 하지만 약간의 노력이 필요하다. 영화를 본다거나, 다른 일에 집중한다거나, 산책 같은 가벼운 육체적인 활동으로 치팅에 쏠렸던 관심을 다른 곳으로 돌리는 것이다. 이런 활동은 치팅하고 싶은 욕구를 다스리는 매우 적극적인 자세다. 그리고 이런 태도로 채식을 하는 사람들은 채식에 생각보다 빨리 적응한다. 그만큼 채식 자체에도 많이 몰입하기 때문이다.

여러 방법 중 치팅의 욕구를 가라앉히는 방법으로 핸드폰을 내려 놓고 10분 정도 산책하는 것을 권한다. 그러면 주변에 펼쳐진 풍경에 마음을 빼앗기면서 자연스럽게 욕구가 줄어들게 된다. 더군다나 기분도 좋아지기 때문에 일석이조의 효과도 누릴 수 있다. 이 외에 다른 방식은 주위를 환기시키기보다는 오히려 치팅의 유혹에 더 깊에 빠져들게 한다. 예를 들어 휴대전화는 판도라의 상자다. 배달 앱이며 포털 사이트나 소셜 미디어에 수시로 등장하는 음식 광고는 안 먹고는 못 버티게 만든다. 치팅 욕구에서 벗어나기 위해서 인터넷에 접속했는데, 먹는 광고가 떡하니 눈앞에 버티고 있다면 어떨까. 자신도 모르는 사이 이미 음식 광고를 클릭하고 있을지도 모른다. 왜 인터넷에 접속했는지 본래의 목적을 까맣게 잊은 채 말이다.

STEP 3 : 면역 획득하기

최후의 수단으로, 소극적이지만 그래도 치팅이라는 위기의 순간을 기회로 만들 수 있는 방법이 있다. 동물성 음식을 먹고 싶은 욕망이 강할 때는 그 욕구가 해소될 만큼 먹는 것이다. 치팅을 해서 찜찜한 마음이 들 수는 있어도 괴로운 것보다는 낫다. 채식이 어렵다는 느낌이 계속 들게 되면, 점점 마음에 부담이 생겨서 채식을 오래도록 유지하기 어려워진다. 치팅하고 싶은 욕구를 인정하고 아무렇지도 않게 넘어가자.

그러나 치팅을 하더라도 반드시 해야 할 일이 있다. 동물성 음식을 먹고 난 후 느껴지는 몸의 반응을 채식을 할 때 느껴지는 몸의 상태와 비교해 보는 것이다. 채식을 꾸준히 실천하고 있을 때는 소화가 편해지고, 체중과 몸의 부기가 빠지고 피곤함이 줄어드는 변화를 느꼈을 것이다. 아주 사소한 변화 같지만 오직 채식을 꾸준히 지향했을 때만 느낄 수 있는 변화라서 중요하다.

반면 치팅을 하면 몸의 이곳저곳이 찌뿌둥하게 느껴지고 뭔가 묵직한 것이 속에서 걸려서 꽉 막힌 것 같은 답답함이 느껴진다. 사실 이런 반응은 우리가 채식을 하기 전에 육식을 하고 나서 포만감을 느끼며 속이 든든하다고 생각했던 반응이다. 채식을 하기 전에는 동물성 음식이 식사에서 차지하는 비율이 꽤 높았기 때문에 그것이 불편한 줄 몰랐던 것뿐이다. 완전 채식 혹은 채소가 70% 이상 차지하는 식단으로 식사를 해 보면 동물성 음식이 70% 이상을 차지하는 식단으로 식사를 했을 때와 분명한 차이를 알 수 있다.

이렇게 채식을 했을 때와는 다르게 내린 불편한 평가는 다시 치팅을 하고 싶을 때, 이성적인 통제가 가능하게 만든다. 물론 다시 먹을 수도 있다. 그렇지만 반복적으로 부정적인 평가가 쌓이면 결국 특정한 음식에 대한 치팅은 멈추게 될 것이다. 아무리 좋아도 불편한 것은 하기 싫은 법이기 때문이다. 나는 이런 원리를 면역 획득이라고 보았다. 여러 번 면역을 획득한다면 우리는 치팅에 대한 더욱 강력한 면역 체계를 확립하게 될 것이다.

치팅을 채식으로 견디는 법

이렇게 치팅을 감기나 질병으로 생각하고 대처해 견디는 방법 외에도 채식으로 치팅을 견디는 방법도 있다. 바로 앞서 말한 치팅 포인트를 채식에 적용해서 치팅에서 느끼고 싶은 쾌감을 충족시키는 것이다. 만약 치팅 포인트를 채식에서 느낄 수 있다면, 치팅을 견디는 동시에 채식에 대한 호감이 더 높아질 것이다.

내게 치팅 포인트는 튀김과 치킨을 먹을 때 느낄 수 있는 '바삭한 식감'으로, 이 포인트를 부침개에 적용해 보았다. 넉넉히 기름을 두르고 반죽을 높은 기름의 온도에서 튀기듯이 부치면서 빵가루를 마치 토핑처럼 반죽 위에 골고루 뿌렸다. 이렇게 부쳐 낸 부침개는 겉은 바삭하면서 속은 촉촉하고 쫀득했다.

한동안 이런 바삭한 식감의 음식을 자주 만들어 먹었는데, 어느 정도 시간이 지나자 치킨이나 동물성 튀김 같은 음식을 먹을 필요성을 느끼지 못하게 됐다. 언제든 내가 원하면 바삭한 식감의 음식을 만들어 먹을 수 있다는 안도감으로 채식으로 결핍되었던 치팅의 욕구가 해소된 것이다.

이렇게 우리가 동물성 음식으로 즐겼던 음식을 식물성 식재료로 대체하여 즐기는 일은 이미 우리 주변에서 일어나고 있다. 카페라떼의 우유를 두유 또는 오트밀크로 대체해 즐기거나, 크림스파게티의 생크림을 두유로 바꾸어 기존의 크림파스타에서 느꼈던 비슷한 질감과 풍미를 즐기기도 한다. 이렇게 치팅 포인트를 직접 음식에 적용해 보거나 두유라떼 같은 식물성 대체 음식을 맛보는 일은 채식 요리를 즐기는 이색적인 방법이 되기도 해서 치팅의 욕구를 해소하고 더불어 채식이 즐거워지는 효과도 얻을 수 있다. 나는 동물성 음식의 결핍으로 인해 오히려 채식의 새로운 가능성과 즐거움을 발견할 수 있었다. 채식에 결핍은 없다. 다만 우리의 관심이 더 필요할 뿐이다.

비건 외출법

외출할 때 가지고 다니면 좋은 음식

구운 감자나 고구마, 바나나, 감귤류, 사과

뻥튀기, 식사빵(깐빠뉴, 치아바타 등)

채식 옵션이 없어도 외식이 가능한 식당

일식(가락국수, 메밀 종류의 메뉴)

분식(유부김밥, 샐러드김밥, 쫄면, 비빔국수 등)

한식(두부집, 한정식, 메밀국수, 죽, 비빔밥 등)

중국(채식 짜장이나 채식 짬뽕이 있는 경우가 있음)

채식을 위한 긴급 검색어

두부, 도토리, 메밀, 감자, 한정식, 한식, 백반,

국수, 비빔밥, 우엉김밥

Chapter 5

채식 인문학

채식과 인간관계

채식을 커밍아웃하다

식탁 위 음식에는 한 젓가락도 대지 않은 채 애먼 김치와 밑반찬만 뒤적거렸다. 밥맛이 있을 리 없었다. 하고 싶은 말을 삼키고 또 삼키느라 이미 배가 불러 왔다. 어차피 말해야 한다고 머릿속으로 되새김질을 했다. 괜히 숨이 찼다. 그리곤 툭 튀어나왔다.

"엄마, 나 채식해."

"뭐라고, 뭐 한다고?"

"나 채식한다고, 나뿐만 아니야 우리 가족 모두 채식해. 그러니까 고기나 해산물 그런 거 하나도 안 먹어"

"그럼, 달걀 같은 것도 안 먹는 거야?"

"응, 우유나 치즈 같은 유제품도 전혀 먹지 않아."

대화는 더 이상 진척되지 않았고, "이젠, 하다 하다 채식까지 하는구나. 정말 별나다, 별나" 하는 어머니의 혼잣말이 이어졌다. 그 말이 끝나기가 무섭게 아버지는 밥 한 공기를 급하게 비우시고 자리에서 일어나셨다. 아버지의 미간에는 주름이 잔뜩 지어 있었다. 마치 오랫동안 터부시해 온 금기를 깬 듯한 느낌이었다. 동물성 음식을 안 먹는다고 했을 뿐인데, 가족들의 반응은 왠지 모를 소외감을 느끼기에 충분했다.

정감이 돌던 식사 분위기는 나의 말 한 마디에 얼어붙었다. 가족들의 반응과 분위기에 조금 당황했지만, 내색하지는 않았다. 내가 채식을 하는 것이 윤리적·도덕적인 면에서 잘못이 아니었기 때문이었다. 그래서 나는 부모님께 그동안 채식을 해 온 과정과 채식을 하면서 얻게 된 건강상의 이점 그리고 영양학적 지식 등을 상세히 이야기해 드렸다. 그럼에도 부모님의 표정에는 여전히 못마땅함이 가득했다. 특히 아이들도 함께 채식을 한다는 이야기에 더욱 심기가 불편하셨을 것이다.

5년이 넘게 흐른 지금, 부모님은 우리 가족의 채식을 많이 인정해 주신다. 채소 반찬을 직접 만들어 주시기도 하고, 아이들이 좋아하는 과일을 풍족하게 보내 주신다. 우리 가족과 만날 때는 채식으로 먹을 수 있는 식당을 골라 데려가시기도 한다.

그러나 여전히 부모님은 채식에 대해 내심 불안해하신다. 어머니는 '비타민B12 결핍'처럼 논란이 계속 일어나는 채식 관련 이슈를 문자로 보내시고, 채식 때문에 영양소 결핍에 대한 우려의 이야기를 만날 때마다 종종 하신다. 아주 가끔씩 은근히 고기를 좀 먹어야하지 않겠느냐는 뉘앙스 섞인 이야기를 슬쩍 던지시기도 한다. 아버지는 나와 함께 불고기를 쌈 싸서 먹고 싶다며 농담도 건네신다. 그럴 때마다 나는 영양학적 지식을 동원해 응수하지만 서로 기분이 나쁘지는 않다. 그냥, 웃고 넘긴다. 딱, 여기까지다.

부모님께 채식에 대해 인정받고, 채식의 정당성을 보여

드리기 위해 특별한 노력을 기울이지는 않았다. 건강을 위해 채식을 시작한 만큼 우리 스스로를 위해 채식을 잘 유지하기 위한 환경을 조성하고 원칙을 세웠을 뿐이다. 조금 특별한 것은, 가족 행사가 있을 때마다 채소를 활용한 다양한 음식을 대접했다. 그리고 부모님은 우려와는 달리 우리 아이들이 여러 면에서 아주 건강하게 다른 또래들과 마찬가지로 잘 자라고 있는 것을 눈으로 확인하셨다. 또한 가족 모두가 채식을 한 덕분에 자연에 대한 관심을 많이 갖게 된 아이들은 할아버지 농장에서 농산물을 수확하거나 모종을 심는 농사일을 신기하게 여기며 좋아한다. 적지 않은 시간 동안 채식 때문에 부모님으로부터 멀어진 느낌 그리고 자식이 채식을 한다는 낯섦과 우려가 부모님과 나와의 관계를 한동안 서먹하게 만들었지만 다행히 이제는 서로를 인정해주고 있다.

늘 내가 무엇을 먹고 먹지 않는지 또는 왜 채식을 하는지 일일이 변명하듯 설명해야 하는 상황에서 나는 낯선 사회 분위기를 느낀다. 그래서일까. 채식을 하면서 스스로 '소수자'라고 어렴풋이 느껴진다. 채식을 하는 나의 정체성에 대해 스스로 만족하고 당당하지만, 이것과는 별개로 느껴지는 외로움이 있다.

다행히 가족과 함께 채식을 하기 때문에 우리는 서로에게 힘이 된다. 사회에는 수많은 소수자들이 존재한다. 그들과 비교할 수 없지만 다수에 속해 있지 않기 때문에 느껴지는 고독과 왠지 모를 소외감을 조금은 알 수 있을 것 같다. 채식이 부담스러운 이유는 단지 음식 때문만은 아닐 것이다.

성숙한 채식주의자의 인간관계

채식을 할 때 염려되는 점은 바로 인간관계다. 우리는 함께 식사를 하면서 정을 나누고 관계가 깊어지고 소속감을 느낀다. 그래서 '먹는 것이 달라질 경우, 사람들과 어울릴 수 있을지 고민이 생긴다. 인간관계는 의미 있는 삶을 살아가는 데 절대적인 요건이기 때문에 고민이 되는 것은 당연하다. 과연 채식주의자와 비채식주의자는 서로 어울리기 어려운 걸까.

아내는 비건, 남편은 논비건으로 살아가는 가족을 본 적이 있다. 아내는 남편의 생일을 맞아 육류로 된 음식을 만들었다. 남편을 위해 비건인 아내가 고기 음식을 하다니. 뿐만 아니라 그런 사실을 SNS에 버젓이 올리는 것은 혹시 모를 비난도 감수하겠다는 뜻인지 난 의아하기만 했다. 비건으로서 채식을 실천하는 사람이 신념을 거스르면서까지 남편에게 이렇게까지 하는 이유는 뭘까. 이런 의문도 잠시, 다른 게시물을 통해 남편 역시 아내와 함께 자주 채식을 하는 것을 알게 됐다. 고기 없이는 밥을 못 먹는 사람이 풀뿐인 밥상 앞에서 아내와 함께 웃으며 채식을 즐기는 모습이 상상이 잘 되지 않았지만, 이런 일이 가능하다는 것을 보고, 한 사회 안에서 '과연 우리는 먹는 것으로 나뉠 수 있는가'라는 질문을 스스로에게 던져 보았다. 적어도 이 부부에게는 '서로 다른 식습관'이 서로에게 문제가 되지 않는 것이 분명해 보였다. 나는 애정을 바탕으로 한 인정과 이해 그리고 배려가 다양성이 존중되는 이상적인 관계를 만들었다고 생각한다. 핵심은 애정을 바탕으로 한 '관계'이다. 음식이 관계의 의미를 뛰어넘지 못했던 것이다.

나에겐 오랜 친구가 있다. 친구는 내가 비건임을 알고 있는데, 우리 둘 사이에는 음식 때문에 생기는 불편함 또는 육식에 대한 서로 다른 생각 때문에 다투지 않는다. '친하니까, 그렇지'라고 쉽게 생각할 수 있지만, 먹는 것이 달라도 문제

없는 이유는 우리 사이에 채식이 큰 문제가 아니기 때문이다. 중요한 것은 관계다. 친구로서 서로를 아끼고 필요로 하는 마음이 채식에 대한 부담을 내려놓게 만든 것이다. 친구는 우리 집에 놀러 올 때면, 늘 아이들과 내가 즐겨 먹을 수 있는 과일을 수북이 사온다. 그리고 나는 채식을 하지 않는 친구가 친근하고 맛있게 먹을 수 있는 채소 요리를 대접한다. 이렇게 서로를 대할 수 있는 까닭은 관계의 소중함 때문이다.

인간관계의 바탕이 되는 신뢰, 존중, 인정, 호감처럼 관심을 두지 않았던 관계 요소들이 다시 내게 의미를 가지게 된 것은 채식을 하며 사람을 대할 때부터였다. 이러한 관계 요소에 집중하고부터는 내가 채식을 한다는 사실을 알리는 것이 부담스럽지 않았다. 채식은 내 삶의 일부이고 그것이 나라는 사람의 정체성 전체를 대변하는 것이 아니기 때문이다.

다만 채식이 개인의 삶에 많은 영향을 주면서, 가치관을 바꿀 수도 있기 때문에 본래 알던 사람이 아닌 다른 사람들과 새로운 관계를 맺는 데 어려울 수는 있다. 문제는 자신의 신념이 관계를 넘어서는 경우다. 채식을 하다 보면 자신의 신념이 옳다는 생각에 자기도 모르게 채식을 하도록 설득하고 싶을 때가 있다. 그것을 내세워서 남들로부터 인정받고 싶어 할 수도 있다. 물론 그러한 욕망들이 잘못된 생각에서 출발한 것이 아닌 윤리적으로 올바르고 모두 건강하고 행복해지면 좋겠다는 생각에서 시작되기 때문에 나쁘게 바라볼 순 없다. **그러나 지속되다 보면 자연스럽게 관계의 가치와 중요성을 잊고 자신의 주장만 남게 된다.**

내가 아는 한 학부모는 유치원에 자신의 아이가 채식을 한다고 이야기하는 동시에 육식에 대한 비판을 해, 갈등을 빚어 결국 유치원을 옮기게 되었다. 이러한 학부모의 태도를 통해 채식에 관한 이야기를 들은 유치원 측은 채식에 대해 어떤 생각과 감정을 갖게 되었을까. 서로 상처만 남게 된 것은 아닐까. 우리는 육식과 채식, 무엇이 옳은지에 대한 논쟁에서 이긴다고 해서 상대방이 채식을 하도록 설득할 수 없다는 것을 알아야 한다. 오히려 그럴수록 상대에게 채식에 대한 반감만 불러일으키고 심하게는 혐오로 이어질 수도 있다.

채식을 해도 변하지 않아야 하는 것은 사람을 대하는 기본적인 태도다. 좋은 관계의 최우선은 내가 먼저 상대을 인정하고 존중하며 배려하는 것이다. 인간관계를 위해 내가 무엇을 먹고 먹지 않는지는 중요한 문제가 아니다. 채식에 대한 정당성과 설득은 인간관계에서 잠시 접어 두자. 인간관계는 오직 나와 상대방, 온전한 두 존재로 맺어지는 관계다. 관계를 맺다 보면 자연스럽게 채식에 대한 이야기도 나누게 될 것이다. 좋은 관계에서는 그 어떠한 것도 이해가 되고 포용될 수 있다. 좋은 에너지를 가진 사람이 채식을 한다는 사실을 알게 된다면 호감은 물론이고 더 좋은 인간관계로 발전할 수 있지 않을까. '나는 채식주의자'라고 말하기 전에 먼저 자신은 어떠한 태도로 인간관계를 바라보고 있는지 생각해 볼 필요가 있다.

Re : 비건
비거니즘을 다시 생각하다

본질을 위한 비거니즘

'콩고기는 정말 고기 같을까'라는 호기심으로 먹어 본 적이 있다. 콩고기가 가진 빛깔과 씹히는 느낌은 실제 고기와 많이 비슷했다. 굳이 음식의 이름을 이야기하지 않았다면 양념을 더한 콩고기는 진짜 고기라고 생각할 수도 있을 것만 같았다. 그렇게 생각하기도 잠시, 너무 고기 같다는 느낌 때문에 속이 울렁거렸고 머리가 어지러웠다.

비건이 되는 것은 쉬울지 모른다. 상상력만 있으면 된다. 도축되기 전 소와 자신 앞에 놓인 고기 덩어리를 연결시키기만 하면 된다. 실제 고기와 콩고기는 전혀 다르지만, 콩고기의 질감은 나의 상상력을 자극하기에 충분히 '고기스러웠다'. 아무리 식물성 고기라지만 비건 입장에서 그 속에 담긴 소의 눈물을 지울 수가 없었다. 단순히 식물성이라는 이유 하나만으로 고기에 담긴 폭력적인 이미지가 사라지지 않았다. 결국 나에게 콩고기는 소와 연결된 순간 그냥 고기일 뿐이었다. 내가 너무 민감한 것일까.

콩고기 같은 대체육을 선호하는 채식주의자를 향해 '차라리 그럴 거면 진짜 고기를 먹지'라고 말하는 지인을 만난 적이 있다. 나는 이 말에 화가 나고 기분이 나빴지만, 한편으로 이해가 되는 면도 있었다. 콩고기는 전략적으로 만들어진 제품이다. 고기를 먹고 싶지만 특별한 이유로 먹지 않는 사람들을 공략해 만든 가공 식품이다. 그 공략 범위에는 비건도 포함된다.

비건은 고기에 대한 죄책감은 잠시 뒤로하고 '식물성'을 앞세워 광고하는 콩고기를 쉽게 선택할 수 있다. 상상해 보자. 콩고기를 불고기 소스에 버무려서 프라이팬에 먹음직스럽게 볶는다. 그리고 상추를 하나 펼치고 따뜻한 콩고기 한 점과 쌈장 그리고 생마늘을 조금 넣은 뒤 입 안에 한 움큼 넣고 씹는다. 이때 우리는 '우와, 정말 고기랑 똑같은데! 맛있다!' 이렇게 생각하게 될까. 나는 이런 상황이 스스로를 비건으로 생각하는 자신을 부정하게 되는 상황은 아닐까 생각한다. 맛에 대한 평가는 그럴 수 있을지라도, 과연 비건으로서 비건이 아닌 친구들에게 떳떳하게 콩고기가 진짜 고기처럼 맛있다라고 이야기할 수 있을까. 내가 너무 깊게 생각하는 것일 수도 있지만, 만약 콩고기라는 이름이 붙지 않았다면, 콩고기를 먹어 보고 싶은 호기심을 가졌을까. 고기였기 때문에 먹어 본 것이다. 나도 이런 내 모습에 속이 쓰리다.

내가 말하고 싶은 것은 비건의 본질이다. 동물성 음식을 거부하는 것으로 동물에 가해지는 폭력과 착취를 반대하는 비건의 핵심 신념이 콩고기를 선택하므로써 오염되는 것은 아닌지 스스로 생각해 볼 필요가 있다. 꽃으로 때리더라도 때린다는 폭력의 본질이 변하지 않듯 고기라는 이름을 달고 있는 이상 고기가 가진 합리화된 폭력은 달라지지 않는다. 그래서 콩고기도 고기가 가진 폭력의 속성을 식물성이라는 이름으로 포장한 것에 지나지 않을 수 있다는 생각이 든다.

이제 비건은 윤리적인 식습관을 넘어 비거니즘으로 하나의 라이프 스타일이자 문화로 변화하고 있다. 이것은 기존의 주류를 이뤘던 육식 문화의 흐름에서 완전히 벗어나는 새로운 발걸음이다. 그래서 기존 육식이 주류를 이루는 식문화에 편승해 비거니즘을 활성화하기보다는 비건이 처음 세상에 첫 발을 디뎠을 때처럼 독자적이고 독립적인 문화로 성장해야 하지 않을까 생각한다. 그렇기 때문에 실제 고기의 맛과 식감 그리고 겉모습까지 그럴 듯한 대체육을 먹으면서 비거니즘을 이야기하는 것은, 왠지 '비거니즘을 위한 비거니즘' 즉 비거니즘을 자체로 생활화하여 실천하는 모습이기보다는 비거니즘의 상표를 가진 제품을 소비하는 정도가 아닐까 싶다.

비건에 대해 사람들이 주목하고 관심 갖는 이유는 다름 아닌 채식주의 그 자체가 현실적으로 실천이 어렵고 불가능해 보이는 일이기 때문이다. 그 행위를 거침없이 할 때, 사람들은 감동을 받고 매력을 느낀다. 비건 또는 채식을 실천하는 사람이라면 온전히 자연에 기대어 자연에서 얻은 것으로만 즐기며 살아가는 모습을 추구하며 살아야 하지 않을까. 비건을 소비의 한 카테고리로만 실천하기보다는 비건 또는 비거니즘을 통한 자신만의 깨달음과 철학을 바탕으로 삶의 변화를 이루어 가야만 한다. 그래야 더 많은 사람들이 더 나은 삶을 위해 비거니즘에 동참할 수 있도록 동기부여를 할 수 있다. 비건으로서 의미 있는 삶은 어떠한 것인지, 한번쯤 생각해 보는 것은 어떨까. 비건에서 비건을 지울 때 참다운 비건 문화가 형성될 것이다.

음식

· 자연을 등진 비건 가공 식품

마트에는 비건 음식이 있다. 동물성 식재료가 들어가지 않았지만, 식물성 단백질을 가공해 육류화한 음식들이 대부분인데, 그 종류도 다양하다. 비건 만두, 비건 햄버그스테이크, 비건 너비아니 등 대부분 육류를 주요 식재료로 하는 '식물성 가공 식품'들이다.

내가 먹는 음식도 비건이고 마트에서 파는 음식도 비건인데 둘은 극명한 차이가 있다. 내가 먹는 음식은 자연에서 얻은 식재료를 있는 그대로 조리한 음식이고, 마트의 비건 음식은 육류화된 비건 식품이라는 점이다. 똑같이 윤리적으로 문제 없는 음식들인데 비건에 대한 다른 접근 방식으로 전혀 다른 음식이 나왔다.

문제는 비건 음식에 대한 왜곡이 발생한다는 것이다. 처음부터 채식은 육류를 거부하므로써 채소, 과일, 견과류 등 자연으로부터 얻은 음식에 더 많은 관심을 뒀다. 예를 들어 채소, 과일, 견과류, 콩류 등이 그렇다. 핵심은 자연 먹거리의 재발견 혹은 회귀였다는 점이다. 채식으로서의 육식이 (그 방식이 어떠하든) 윤리적으로 가능하다는 것은 가공 식품 기술의 발달로 인한 현상이다. 이는 비건을 굉장히 단편적인 수준에서 이해하고 상업적으로 이용하는 것이다. 그러다 보니 '고기' 같은 대체육의 개발에 집중하게 된다.

진짜 고기처럼 느껴지는 대체육이 등장해도 진짜 고기 같을까. 그렇지 않다. 인간의 감각은 속일 수 없다. 속일 수 있다고 해도 잠시다. 혹시 이것을 극복하는 것, 적어도 인간의 감각 기관이 대체육을 실제 고기와 같다고 느끼도록 하는 것이 비건 식품의 목표라면, 오히려 그 목표는 본래 비건의 취지와는 정반대를 향해 가는 것이다. 더 많은 식품 첨가물을 넣고, 더 많은 가공 기법을 통해 음식을 만드는 것은 채식을 중심으로 한 본래의 비거니즘과 궤를 같이 하지 못한다. 이른바 '식물성 고기'가 진짜 고기 같아질수록 자연에서 점점 더 멀어지는 것이다.

· 채소 맛 없는 비건 외식 산업

비건 외식도 상황은 비슷하다. 대부분의 비건 식당은 양식화된 비건 음식을 판다. 양식화된 비건 음식이란 육류나 유제품을 주요 재료로 하는 기존 음식을 식물성 식재료로 재현했거나 주로 채소를 굽고 튀기는 서양 조리 방식으로 만든 음식을 말한다. 비건 음식이 이렇게 된 이유는 채소 음식에 대한 인식 때문이라는 생각이 든다. '고기가 빠진 채소 음식은 빈약해 보일 수 있다' '채소 본연의 맛을 그대로 살린 음식은 평범해서 외식으로서 대중의 기대를 충족하기에는 부족할 수 있다' '채소는 호불호가 있는 식품이라서 대중성을 갖기 어려울 수 있다'는 등이 그 인식의 예가 된다.

그러다 보니 채소 음식임에도 불구하고 햄버그스테이크나 햄버거 패티 같이 육류의 식감과 모양새를 갖추거나 굽거나 튀기는 등의 방식의 조리법을 선택을 할 수밖에 없지 않았을까. 결국 채소가 어느샌가 늘 육류 옆자리에서 구색을 맞추는 식으로 인식되어 온 영향이 큰 것만 같다. 어쨌든 비건 음식은 이제 새로운 음식의 장르가 되었다. 채소로만 만들어진 음식이지만 채소 맛이 잘 느껴지지 않거나 때론 고기의 식감이 느껴지고 육안으로조차 고기와 비슷해 보이는 특이한 음식이다.

이렇게 대중화되기 시작한 비건 음식들을 사람들은 어떻게 받아들이고 있을까. 조사에 따르면 비건 식품에 대한 전반적인 인식 평가에서 비건 식품은 왠지 맛이 없을 것 같다는 인식이 전체 응답률에서 41.5%(비건 식품), 35.7%(비건 요리) 정도로 적지 않았다. 또한 비건 식품의 구매율도 현저히 낮다. 예를 들어 비건 제품이 진출한 카테고리의 전체 판매 비율을 100%로 보았을 때, 비건 냉동 식품의 경우 0.024% 정도밖에 되지 않았다. 모든 사람의 입맛을 사로 잡기 위한 비건 음식이 판매의 갈피를 잡지 못하는 이유는 간단하다. 그 비교 대상이 실제로 존재하는 진짜 육류 음식 또는 육가공 식품이기 때문이다. 진짜 고기를 두고 대체육을 먹을까.

처음부터 육류나 유제품을 닮은 음식을 비건 음식으로 접근했던 것부터 약간의 착오가 아니었을까. 육류에 대한 욕망에 친환경을 더하면 환영받을 수 있을 줄 알았는데, 오히려 고전을 면치 못하는 것이다. 비건 음식에 대한 이질감만 더 커지는 것은 아닌지 걱정된다. 이미 사람들은 비건 음식 하면 '체험'한다는 인식을 가지고 있다. 그래서 '비건도 맛있다' '먹을 만하다'는 식의 평이 주를 이루는데, 이는 비건 음식은 '일반적이지 않다' '독특하고 특별하다'는 인식을 가지고 있다는 것을 시사하는 듯하다.

· Vegan Tax : 채식주의 상품에 추가 부과되는 비용

또 하나 걱정을 더하면, 바로 가격이다. 비건 음식은 식물성으로 만들어 건강하다는 이미지와 친환경이라는 이미지가 붙기 때문에 비슷한 식품이나 제품에 비해 더 비싸다. 심지어 샴푸 같은 공산품의 경우에도 비건 제품은 일반 제품에 비해 1.6배 비싸다. 최근 한 기사에서 서울 종로구에 있는 비건 식당에서 1만 8천 원짜리 김밥을 판다면서 비건 식당을 가기 주저하는 이유 중 하나로 비싼 가격을 꼽았다. 내가 사는 동네에서 비건 식당을 검색해 메뉴를 보면 비건 정식이라는 이름으로 꽤 비싼 가격이 붙어 있다. 그런데 메뉴의 구성은 육류가 빠진 밥과 반찬 같은 평범한 구성이다. 상식적으로 음식에서 육류가 빠지면 오히려 가격이 더 싸져야 할 것 같지만 그렇지 않다. 물론 안 먹으면 된다고 할 수 있고, 파는 사람의 재량이라고도 볼 수 있다. 하지만 채식을 처음 접하거나 관심 있는 사람들이 보기에 채식을 하기 위해서는 돈이 많이 든다는 인상을 받을 수도 있다. 아무리 그래

도 채소 아닌가. 비건 인증 또는 비건이라는 말이 가격에 프리미엄을 붙일 만한 이유가 되는지 생각해 볼 문제다.

현재 채식은 음식 종류나 가격 면에서 모두 채식의 대중화를 꿈꾸기에는 방향을 잘못 잡은 것 같다. 물론 모든 비건 식당 혹은 비건 제품이 그런 것은 아니다. 그러나 채식 음식을 만드는 사람들의 생각과 그 음식을 접하는 사람들의 생각에는 분명 차이가 있는 것을 인식해야 한다.

· 집밥처럼 자연스러운 채식

채식이 사람들과 가까워지려면 채식 음식이 마치 집밥처럼 자연스러워야 한다. 그래서 채식 음식은 채식주의자도 즐길 수 있는 식물성 육가공 식품이 아니라 고기 없이도 즐길 수 있는 일상의 평범한 음식들이 되어야 한다. 즉 현재 자신이 먹고 있는 음식이 채식이라는 생각이 들지 않으면 된다. 오히려 이런 식의 접근이 채식 음식에 대한 이질감을 해소하고 맛에 대한 편견을 내려놓게 한다. 그런 음식이 있을까. 있다. 바로 한식에 관심을 가지면 된다. 나도 돌고 돌아 마지막으로 정착한 채식이 바로 한식이다.

한식은 오래전부터 양념장이 음식의 맛을 쉽게 내 주기

때문에 채식이 이미 다 갖춰져 있었다. 전 세계적으로 유례 없이 소금 외 오직 자연에서 나온 것만으로 요리를 할 수 있는 음식이다. 한식의 맛은 아주 깊고 음식으로서 밸런스가 잘 잡혀 있다. 이미 장문화가 오랜 시간을 두고 개량되어 왔기 때문에 요리 기술이 없이도 장과 채소를 섞어 무치기만 하면 요리가 탄생한다. 물론 한식에 육류를 주재료로 이용한 음식이 있기는 하지만, 이런 음식의 주된 풍미도 역시 간장, 고추장, 참기름 같은 한국식 양념에서 나온다. 예를 들어, 같은 제육볶음 양념장을 새송이버섯에 무쳐서 볶아도 제육볶음 특유의 풍미를 느낄 수 있고 맛있다. 그래서 내가 생각하기에 한식에서의 고기는 주인공이 아니라 조연에 가깝다. 단지, 우리가 그동안 한식에서 육수나 고기 등을 빼고 음식을 만들어 볼 생각을 해 보지 않았을 뿐이다.

나는 비건 식당이 많아지는 것보다 일반 식당의 채식 옵션이 더 많아지는 것이 오히려 채식을 대중화하는 데 더 큰 효과가 있다고 생각한다. 누구나 비건 음식이라는 의식 없이 채식을 즐길 수 있기 때문이다. 그런 옵션을 만드는 것조차도 한식에서는 굉장히 쉽다. 또한 육류와 유제품, 오일 등이 주식처럼 사용되는 기름진 외식 문화에 싫증을 느끼거나 다이어트 또는 건강을 신경 쓰는 사람들에게 고기 빠진 한식은 칼로리에 신경 쓰지 않고 편안하게 즐길 수 있는 친숙한 선택지가 될 수도 있다.

비거니즘이 친환경, 건강, 동물복지라는 세 가지 키워드를 갖게 되었다면, 이 모든 키워드를 아우르는 한 가지는 바로 '자연'이다. 비거니즘은 결국 자연에서 마침표를 찍는다. 그런 측면에서 이른바 '고기 빠진 한식'은 세 가지 키워드를 모두 충족한다. 가장 쉽고 편한 채식 음식을 바로 곁에 두고 너무 어렵게 채식을 하는 것은 아닌지 안타깝기만 하다. 채식은 서양에서 들어온 식문화로, 우리나라에 알려진 지 오래되지 않았다. 채식에 관한 모든 것이 아직 낯설다. 그래서 채식을 서양의 관점에서 해석해 음식을 만드는 것이 아니라 우리의 식문화에서 우리 방식대로 해석해 음식을 만들어야 채식 음식이 우리 삶에 스며들듯 자연스럽게 받아들여질 것이다. 그렇게 천천히 스며들어야 채식이 삶이 된다.

언어

· 음식의 이름

어느새 우리는 음식의 이름을 과학적인 용어로 바꾸어 부르고 있다. 감자는 탄수화물, 시금치는 식이섬유, 과일은 비타민 등으로 말이다. 이렇게 부르기 시작하는 이유는 서양에서 시작된 '영양학적 환원주의' 때문이다. 환원주의란 복잡한 사실이나 원리를 아주 단순하게 만들어 설명하는 것이다. 우리는 감자를 단순히 탄수화물이라고 부르지만, 감자 안에는 탄수화물뿐만 아니라 무기질, 비타민, 단백질 등 다양한 영양소가 들어 있다. 그래서 단순히 탄수화물이라고 부르는 것은 사실과는 맞지 않다.

나는 채식을 하고부터 음식 이름을 영양소 이름으로 바꿔 부르지 않는다. 감자는 감자고, 딸기는 딸기다. 대신 감자를 굽거나 볶았을 때 느껴지는 풍미와 씹었을 때 느껴지는 식감에 대해 이야기를 나눈다. 뿐만 아니라 먹고 있는 음식에만 집중하는 것이 아닌 이 음식이 우리에게 오기까지 거쳐간 많은 손길에 대해 감사하고 맛있는 음식을 먹을 수 있도록 길러 준 자연을 생각한다. 이런 생각과 느낌을 서로에게 전하며 아이들에게는 자연과 인간의 수고와 노력에 대한 교육을 하고, 나와 아내는 앞으로 살아가야 할 방향에 대해 자연스럽게 대화한다.

요즘에는 '감성'이라는 말을 붙이는 것이 유행인데, 어쩌면 가장 감성적인 소재가 될 수 있는 음식에 딱딱한 영양소의 이름만이 난무하는 것 같아서 건조하게 느껴진다. 음식은 살아 있는 세계다. 살아 있다는 것은 신비하고 복잡한 의미가 있다는 뜻이다. 복잡한 세계를 단순하게 만들어 이해하는 순간, 오류가 발생하고 혼란이 야기된다. '탄수화물, 단백질, 지방을 골고루 먹으라'고 하지만 사실 이 모든 영양소는 채소 안에 골고루 들어 있다. 그것도 인간에게 필요한 양으로 말이다.

탄수화물이니 단백질이니 하며 영양소 이름이 우리들 입에 오르내리기 시작한 지는 얼마 되지 않았지만 그 영향력은 너무 크다. 탄수화물은 소외됐고 단백질은 귀한 손님이 됐다. 미디어와 식품 산업이 말하는 대로 사람들은 먹었지만 아픈 사람들은 더 많이 늘어났다. 먹을 것은 많아졌는데 먹을 만한 것이 없다. 마치 영양제의 종류는 많아졌는데 실제 그 안에는 영양이 없는 것과 같다. 식탁에서 음식은 사라지고 영양소만 남았다. 아버지를 아버지라고 부르지 못하는 홍길동은 서자의 운명을 깨고 영웅이 됐다. 우리는 '감자를 감자라고 부르지 못하는 운명'의 시대를 딛고 일어서서 진실을 바라볼 수 있을까.

· 채식의 언어, 육식의 언어

제왕절개 수술 후 마취에서 깨어나, 수술 부위의 아픔을 견디며 회복에 몰두했던 아내의 수척해진 얼굴이 생생하다. 여전히 그때를 떠올리면 아내의 아픔이 고스란히 전해지는 듯하다. 하지만 아내는 회복을 위해 견딘 시간이 아닌 수술을 하기 위해 마취했던 시간을 기억하고 있었다. 아내는 그 순간이 떠오를 때마다 이렇게 이야기했다.

"마취를 하고 난 후 발끝이 찌릿했어. 하반신에는 아무런 감각이 없는데, 뭔가 둔탁하게 만져지는 이상한 느낌만 있을 뿐이었어. 마치, 가죽이 된 듯한 느낌이었어. 아무런 힘 없이 그냥 널부러져 있는 그런 가죽말야. 나를 이렇게 저렇게 헤집어도 아무런 저항도 할 수 없었어."

자연스럽게 흘러나온 '가죽'이라는 단어는 아내가 당시 처한 상황을 분명하게 느낄 수 있게 해 주었다. 아내에게 가죽은 생명에 대한 존엄이 사라진 폭력과 억압을 의미했다. 제왕절개는 하반신만 국소 마취를 하고 진행되기 때문에 수술의 모든 과정을 인식하고 누워 있는 아내는 자신의 상태가 이상하고 당황스러웠을 것이다.

말에는 진실이 담겨 있다. 패션이라는 프레임 안에서 가죽이 정의되지 않는다면 가죽은 죽은 동물의 껍데기일 뿐이다. 동물의 가죽을 가져오는 과정은 잔혹하며, 오직 힘과 억압을 통해서 이루어진다. 그래서인지 영화나 드라마 소품으로 사용되는 동물 가죽 또는 박제는 등장인물의 권위와 힘 또는 폭력성을 드러내는 효과적인 오브제가 된다. 가죽 자체가 아니라 가죽에 담겨 있는 진실이 그런 느낌을 자아내는 것이다. 곧 그런 느낌은 단어를 선택하고 소비하게 만드는 힘이 된다.

이런 현상은 육식과 채식을 선택하고 소비하는 방식으로도 드러난다. 고기는 대중에게 큰 영향을 끼치는 음식이자 단어이다. 고기는 상위 포식자인 인간이 먹는 음식이다. 그래서인지 고기는 힘, 남성성, 최고급, 우월성 등 다양한 의미를 지니고 있다. 실제로 우리는 '고기를 먹어야 힘을 쓴다'는 말을 종종 듣는다. 고기가 힘이라는 생각은 단백질에 대한 신화로도 발전해, 단백질은 힘의 원천이라는 고정관념이 생겨났다.

반면 채소는 여성과 관련이 깊다. 특히 에스트로겐이라는 여성 성 호르몬의 수치를 높여 준다는 이유로 채소나 과일의 섭취를 권장한다. 그러나 <더 게임 체인저스>라는 다큐멘터리에서 일정 기간 채식을 한 남성과 육식을 한 남성의 건강 상태를 비교한 결과, 채식을 한 남성이 육식을 하는 남성에 비해 남성 호르몬인 테스토스테론의 분비가 훨씬 더 많고, 성관계에서 중요한 요소들도 월등한 것으로 나타났다. 채소나 과일은 여성에게만 필요한 것이 아닌 남성에게도 반드시 필요한 음식이다. 그럼에도 불구하고 여성과 채소, 과일을 부각시켜 굳이 연관 짓는 기사를 보며 사회가 여성을 어떻게 인식하고 다루는지를 어렴풋이 느낄 수 있다.

미국 펜실베니아대 심리학부 폴 로진Paul Rozin 교수팀이 성별 구분 없이 대학생을 대상으로, 음식 종류에 따라 여성성이 높은 음식을 평가했을 때, 초콜릿, 복숭아, 샐러드 등이 나왔다. 이러한 현상에 대한 원인을 우리 생활에서 찾아 보자. 어른들은 여자아이들에게 과일이나 채소를 먹으면 예뻐진다고 하는 반면 남자아이들에게 과일을 권하면서 남자다워진다든지 멋져진다는 말을 하지 않는다.

채소는 성별 구분이 없는 가치 중립적인 식품이다. 성별 구분 없이 모두에게 반드시 필요한 음식이다. 탄수화물, 단백질, 지방, 효소, 비타민, 식이섬유 등 인간이 살아가는 데 필요한 물질로 구성되어 있어 단순한 목적만으로 누구에게 해당된다는 식으로 연관 짓는 것은 맞지 않다.

채소에 대한 이런 사회적인 성性 구분 짓기가 은밀히 우리 의식 속에 존재하고 있는 상황을 알고 나니 채식과 관련된 다른 단어에 대한 사회적 인식도 궁금해졌다. 식물이라는 단어는 어떻게 인식될까. 은퇴한 한 농구 선수는 경기를 제대로 뛰지 않는다는 의미로 팬들이 '하식물'이라는 별명을 지어줬다. 또한 대뇌가 일부 손상되거나 기능이 중지되어 스스로 또는 외부 환경에 대한 행동적인 반응을 보이지 않는 경우 '식물인간' 상태라고 한다(vegetative state 영어 단어를 가져온 것이다). 정치적으로도 제 기능을 하지 못하는 국회를 두고 '식물 국회'라고 한다. 이렇게 식물은 주로 수동적인 상태, 무기력함, 정적이며 단조로움을 나타낸다.

사실 따져 보면 식물은 정적인 것이 아닌 살아 숨 쉬는 생명이다. 고기는 동물에게서 떨어져 나온 뒤로는 사실상 죽은 것과 마찬가지인 반면, 식물은 제배 후에도 물에 담가 놓으면 산다. 식물의 생명은 질기고 강하다. 고기와 식물 중 무엇이 더 강한 생명력을 지니고 있는가 질문하지 않을 수 없다. 생명이 없는 힘은 있을 수 없다. 오직 힘은 강한 생명력을 바탕으로 나온다. 나는 이것을 힘의 본질이라고 생각한다. 즉 어떠한 상황에서도 버티고 견디는 힘, 넘어져도 다시 일어나는 의지가 모두 생명력이라는 힘에서 파생되어 나오는 다양한 힘의 모습이다.

나는 앞서 말한 식물의 이미지나 의미와 달리 강한 생명력의 관점에서 쓰인 말을 찾았다. 바로 '풀뿌리 민주주의'이다. 민주주의와 풀뿌리는 그 관계가 딱 맞아떨어진다. 현재 국민이 주인이 되는 나라에 살 수 있었던 것도 식물에서 배울 수 있었던 끈질기게 자생하는 생명력을 우리 가슴으로 믿고 있기 때문에 가능한 일이 아니었을까.

우리는 음식을 먹는 동시에 그 음식에 담긴 이미지와 의미도 소비한다. 문제는 음식에 대한 의미가 사회적으로 과장되거나 왜곡되어 있다는 사실이다. 심지어 남성성과 여성성을 정의하는 도구가 되기도 한다는 것은 놀랍기까지 하다. 그러한 음식을 먹은 우리는 음식이 담긴 의미를 정신적으로 소화하여 세상을 바라본다. 음식의 이미지와 우리의 가치관이 은밀하게 상호작용하는 것이다. 그리고 그 관계는 반복되고 점차 강화되며, 우리도 모르게 은밀하게 벌어지고 있는 일이다.

지금은 동물의 삶을 들여다봐야 할 때

동물의 고통에 공감하는 세 가지 키워드

나는 채식을 하면서 가축동물들에게 벌어지고 있는 안타까운 장면들을 여러 미디어를 통해 목격하면서 가시성, 고통, 공감이라는 키워드에 주목했다. 흔해 보이는 단어들이지만, 그 안에 담긴 동물의 삶은 결코 흔하지 않다. 때론 놀라웠으며, 가슴이 아팠고, 참혹함에 고개를 숙일 수밖에 없었다. 나는 이 세 가지 키워드가 우리가 동물을 보호할 수밖에 없는 중요한 단서라고 본다. 읽다 보면 자칫 불편해질 수도 있겠지만 불편함을 느끼는 것은 오히려 당연하고 자연스럽다. 그것이 우리가 동물들을 고통에서 해방시킬 단초가 되는 공감의 시작이라고 보기 때문이다.

· 폭력의 가시성

동물에 가해지는 폭력, 보면 멈출 수 있다

반려동물 학대로 떠들썩한 요즘, 동물들의 삶을 가르는 중요한 문제가 있다. 바로 '가시성visibility의 유무'이다. 폭력은 드러나는 순간 사회로부터 처벌 대상이 된다. 그렇기 때문에 반려동물들은 비교적 쉽게 드러나는 폭력으로부터 보호받을 수 있다. 반면 담장 너머의 가축동물들에게 가해지는 폭력은 쉽게 드러나지 않는다.

더욱이 최근 개정된 한국의 동물보호법은 가해지는 폭력이 쉽게 눈에 띄는 반려동물에게만 해당되고 식용에 해당하는 가축동물들에게는 해당사항이 없다. 반려동물에게 은밀하게 가해지는 폭력의 수위보다 훨씬 더 잔혹한 폭력이 가축동물에게 버젓이 발생하고 있음에도 말이다. 소, 돼지, 닭도 개와 고양이 같은 동물임에도 불구하고 가축동물에 대한 보호의 소리가 반려동물 보호에 비해 소리가 높지 않은 것은 바로 우리가 폭력의 현장을 직접 목격한 적이 없을 뿐더러, 관심을 기울일 생각조차 못하고 있기 때문이다.

> "도살장 벽이 유리로 되어 있다면, 모든 사람은 채식주의자가 될 것이다."
>
> — 폴 메카트니

도살장의 실상은 검색을 통해 쉽게 찾아볼 수 있지만 그 잔혹함을 익히 들어 알고 있는 우리는 영상을 쉽게 클릭할 수 없다. 동물 보호의 중요성을 알고 있으면서도 동물의 고통을 외면하는 것은 우리가 곧 동물의 살을 소비하는 모순적인 주체이기 때문이다. 그래서 더 동물 보호의 현실이 암울하게 느껴진다.

또한 이미 가축동물은 키울 때부터 반려동물과는 운명을 달리한다. 닭의 일생은 마치 자본주의 공장 시스템처럼 단기간에 가장 큰 수익을 내도록 계획되어 있다. 닭은 먹이부터 활동 장소까지 모두 통제된다. 먹이는 30%가 풀로 채워져야 하지만 단기간에 몸무게를 크게 불리기 위해 옥수수와 콩으로 만들어진 사료만 제공된다. 활동 공간은 제약적이다. 최대한 많은 수의 닭을 사육해야 하기에 맘껏 뛰어놀 수 있는 공간이 닭에게는 없다. 먹는 것과 활동은 사람이나 동물의 면역력에 꽤 중요한 요소인데, 닭들은 그런 요소들이 모두 제한되어 있기 때문에 병약하다. 심지어 우리에게 생활습관병이라고 알려진 고혈압, 비만 등을 닭들이 앓고 있다. 이런 상황을 볼 때, '지금 우리가 먹는 것은 과연 생명인가 죽음인가' 하는 의문이 남는다.

· 고통과 공감 : 알면 느껴지는 동물의 고통에 공감하기

"이해에 이해를 더하면 사랑이 된다." 예전에 한창 유행하던 말인데 동물 보호를 생각하니 문득 떠올랐다. 공감은 앎에서 시작된다. 어려움을 겪고 있는 당사자의 마음을 이해하려고 애쓸 때 도움의 손길을 뻗을 수 있는 것이다. 우리는 동물의 고통에 대해 얼마나 알고 있을까. 영국은 이미 고통을 느끼는 생명체에 낙지, 문어 등의 두족류(머리 밑에 다리가 달린 연체동물)와 게, 랍스터 등의 십각류(다리가 10개인 갑각류)까지 포함시켰다. 런던 정경대 연구팀은 동물의 고통에 대한 8가

지 기준으로 문어류와 게의 지각 능력을 평가했다. 이 기준에는 학습 능력, 고통 수용체의 존재 여부, 고통 수용체와 특정 뇌 부위의 연관성, 마취 진통제에 대한 반응, 위기와 보상에 대한 균형 감각 등이 포함되었는데, 평가 결과 모두 지각이 있다는 증거가 확인되었다.

즉 냄비 속 꿈틀대는 낙지의 발버둥은 살고 싶은 몸부림이자 극심한 고통을 느끼고 있는 절규였던 것이다. 더 끔찍한 것은 그러한 사실을 모른 채 고통받는 낙지의 모습을 흥미롭게 쳐다봤다는 사실이다. 상상하기도 끔찍하지만, 만약 낙지가 살아 숨 쉬는 인간이었다면, 과연 우리는 눈을 크게 뜬 채 익어가는 살점을 보며 즐거워할 수 있을까. 우리 몸에 생긴, 아주 작은 상처도 굉장히 신경 쓰이고 불편한데, 섭씨 100도가 넘어 펄펄 끓는 솥 안에서 낙지가 느끼는 고통을 인간의 관점에서 생각하면 정말 생각조차 싫을 만큼 끔찍하다.

그래서 수생물의 고통을 인정한 유럽 국가들은 수생물의 고통을 줄이기 위한 노력을 하고 있다. 스위스는 2018년 동물보호법을 개정해 바닷가재를 산 채로 끓는 물에 집어 넣는 것뿐만 아니라 얼음물에 담가 이동하는 것까지 금지했다. 대신 전기 충격을 가해 기절시키거나 물리적으로 뇌를 파괴해야 한다고 규정했다. 노르웨이는 이보다 빠른 2008년부터 전기 충격이나 가격을 통해 양식 연어를 기절시켜 도살하고 있다. 그리고 최근 유럽연합은 동물의 고통을 줄이기 위한 동물복지 관련 광범위한 법 개정을 검토하고 있는 것으로 알려졌다. 이미 각 유럽 국가가 개별적으로 시행하는 강화된 동물복지법안을 유럽연합 차원으로 확대하는 것이 목표이다. 즉 개별 국가의 동물복지 법안을 통합하여 유럽 모든 국가에서 적용할 수 있도록 하는 것이다. 오스트리아와 네덜란드 등은 닭 부리를 자르는 것을 금지하고 있으며, 독일은 가축을 고통 없이 도축하는 방법을 강제하며, 가축 운송 시 충분한 공간과 휴식을 보장한다. 프랑스는 수평아리를 분쇄기나 독가스를 이용해 죽이는 것을 금지하며, 살아 있는 가축의 거세를 허용하지 않는다. 이러한 개별 법안을 유럽 차원에서 확대 적용하면 법안 개발에 힘들이지 않고 훨씬 더 촘촘하고 세부적으로 여러 동물의 고통을 줄일 수 있게 된다.

우리가 동물보호를 외치는 것은 동물도 인간처럼 똑같이 아픔을 느끼고 살기 위해 발버둥치기 때문이다. 독일은 동물보호법 1조에서는 '동물과 인간을 이 세상의 동등한 창조물'로 규정하고 있다. 동물도 저마다 고통받지 않고 살아갈 권리가 있다는 것이다. 더 이상 모든 사회가 동물의 고통에 주목하고 공감하는 것을 미뤄서는 안 된다. 마하트마 간디는 "한 국가가 얼마나 위대하며 도덕적으로 진보했는지는 동물을 어떻게 대하는지를 보면 알 수 있다"고 말했다. 이 격언을 '동물을 대하는 우리의 태도를 볼 때, 우리 사회는 진보적이며 위대한가'라는 물음으로 바꾼다면 어떨까. 과연 '그렇다'고 대답할 수 있을까. 아직 종을 뛰어넘어 보편적인 동물의 고통에 대하여 국가 차원에서는 고사하고 사회적인 논의조차 제대로 이루어지지 않는 우리 사회의 현실을 보며 이 물음에 고개를 갸웃할 수밖에 없다.

동물에 대한 인간의 태도를 사회의 도덕적 건강함에 대한 기준으로 내세우는 이유는 바로 동물이 우리가 사는 세상에서 가장 연약한 존재이기 때문이다. 그렇기 때문에 동물을 대하는 인간의 태도가 도덕적으로 진보했다면 사회적 약자에 대한 도덕적인 인식과 태도 수준도 당연히 담보할 수 있다고 생각할 수 있지 않을까. 뿐만 아니라 동물을 대하는 인간의 사회적인 태도는 인류의 생존과도 직결되는 자연과 '공존'의 문제와도 연결이 될 수 있다. 그동안 인류의 거듭된 발전은 동물의 삶의 터전인 자연을 착취하고 파괴하며 발전했는데, 그 결과가 바로 기후 위기와 환경 파괴에 몸살을 앓고 있는 현실이기 때문이다. 그래서 채식을 하든, 하지 않든 누구나 모든 동물의 삶과 고통에 대해 관심을 갖고 들여다보는 것은 사회를 건강하게 만드는 동시에 지속가능한 인류의 생존과 자연 환경을 추구할 수 있는 궁극적인 방법이다.

우리가 싸워야 할 대상

우리가 싸워야 할 대상은 그동안 쌓아온 육식을 둘러싼 고정관념이다. 고기는 단백질의 원천이라는 설명은 틀렸다. 단백질을 먹는다고 단백질이 우리 몸에 생기는 것이 아니다. 우리가 필요한 것은 우리 몸에 필요한 단백질을 생성하는 재료인 아미노산이다. 우리 몸에 필요한 아미노산은 총 23가지인데, 이 중 8가지는 필수 아미노산으로 반드시 음식물의 섭취로만 얻을 수 있다. 그런데 이 아미노산은 모두 식물에 있다. 시금치, 당근, 고구마, 감자 등에 풍부하다. 고기에 있는 필수 아미노산도 모두 식물을 섭취해서 얻은 것들이다. 우리 먹는 고기는 사실상 초식동물의 살이 아닌가. 즉 고기가 단백질을 만드는 필수 아미노산의 원천이 아니라 식물이 바로 진짜 필수 아미노산의 원천이라는 뜻이다.

자연은 인간에게 필요한 모든 것을 준다. 자연을 왜곡하지 않고 있는 그대로 자연에 의지하고 받아들이면 우리는 더 이상 아프지 않을 것이다. 삶의 의미는 진실을 추구하며 얻을 수 있다고 생각한다. 우리가 일상적으로 먹는 음식에서조차 진실을 추구할 수 없다면 우리는 어디에서 의미를 찾을 수 있을 것인지 함께 생각해 봤으면 좋겠다. 진실은 자연처럼 늘 우리 곁에 있다.

우리가 궁금한 채식의 진실

나는 그동안 채식에 관한 영양서들을 탐독하고 그 지식을 바탕으로 채식을 실천해 왔다. 채식을 하면 무엇을 먹어야 하는지, 채소만 먹고 살아갈 때 건강상 문제가 되지 않는지 궁금했기 때문이다. 이러한 궁금증에 바탕에는 채식에 대한 불안과 걱정이 깔려 있었다. 대부분의 사람들이 비슷한 염려를 하지 않을까. 그래서 비건으로서 완전 채식을 하고 있는 내 경험을 바탕으로 그동안 쌓아온 채식의 영양에 대한 지식을 나누고 그 불안과 걱정을 조금은 덜어 내고자 한다.

나는 완전 채식으로 식사를 하고 있다. 완전 채식을 하면 위험할 것 같다는 염려와 추측과는 달리 특별히 건강상의 문제는 없다. 비타민B12나, 단백질 결핍에 따른 부작용을 앓은 적도 전혀 없다. 특별히 영양제나 기타 다른 약제를 복용하지 않을 뿐더러 필요성을 느끼지 않는다. 채식을 한다고 해서 특별히 몸에 문제가 생긴 적은 5년이 넘는 시간 동안 한 차례도 없었다.

내 이야기가 채식은 건강하다는, 채식을 옹호하는 주장으로 들릴 수 있겠지만, 난 영양학자가 아니다. 그렇기 때문에 내 경험을 바탕으로만 솔직하게 이야기할 수밖에 없다. 다만 완전 채식을 해도 건강상 문제가 생기지 않는다는 정도의 주장은 할 수 있을 것 같다. 더군다나 우리 가족은 아이들을 포함해서 모두 채식을 하고 있는데, 어린이집을 다니는 둘째는 태어났을 때부터 채식을 하고 있지만 성장에 전혀 문제 없이 잘 크고 있다.

채소와 과일에는 사람이 살아가는 데 필요한 영양소가 모두 포함되어 있다. 종류에 따라 영양소가 구성된 비율이 다를 뿐이지 대부분의 채소에는 탄수화물, 단백질, 지방 등이 모두 포함되어 있다. 다만 채소의 경우 신체가 에너지원으로 이용할 수 있는 탄수화물 자체의 비율이 굉장히 적기 때문에 현미와 같은 곡류나 과일을 통해서 에너지를 얻을 수밖에 없다.

그래서 우리 가족은 식사를 매우 중요하게 생각하고 꼭 식사 시간을 지킨다. 주식은 항상 밥으로 하고 반찬을 곁들이는 한식으로 식사를 한다. 식사를 제외한 간식으로는 주로 과일 먹는다. 그런데 이 간식은 활동량이 매우 많은 아이들이 주로 먹는다. 성인인 나와 아내는 식사를 하고 나면 배가 부르고 포만감이 오래 가기 때문에 간식을 챙겨 먹어야 할 생각이 나지 않는다. 그래서 조금씩 의도적으로 챙겨 먹는 편이다. 이렇게 채식을 하는 것을 제외하고는 특별히 채식 때문에 의도적으로 하는 일은 없지만 우리 가족 모두는 건강하게 지낸다.

자연에서 얻은 음식은 살을 찌게 하지 않는다

한때 우리는 탄수화물은 살을 찌게 한다고 해서 다른 음식은 다 먹어도 밥은 늘 남기곤 했는데 사실 정반대로 해야 맞다.

재미있는 점은 탄수화물 섭취를 막는 일이 어렵다는 사실이다. 왜냐하면 우리가 먹는 음식의 거의 대부분은 탄수화물이 포함되어 있다. 탄수화물의 범위는 무척 넓다. 과일의 과당, 설탕의 자당, 식물의 섬유질, 곡물과 채소의 녹말이 모두 탄수화물이다. 이렇게 가공되지 않은 천연 탄수화물은 우리 몸에 지방으로 전환되는 비율이 매우 적다. 그리고 탄수화물은 쓰고 나면 글리코겐의 형태로 우리의 간과 근육에 저장될 뿐 살을 찌게 만들지 않는다. 뿐만 아니라 녹말을 주성분으로 포함한 감자, 고구마, 쌀 등으로 구성된 식사는 신체의 지방을 감소시키고 심지어 여드름 같은 피부 질환도 개선시킬 수 있다고 한다. 우리 몸은 대체로 탄수화물을 에너지원으로 변화시켜 활동을 위해 사용한다. 그래서 탄수화물 섭취는 반드시 필요하다. 만약 하루에 필요한 탄수화물이 약 700g이라면 단백질은 20g 정도로 탄수화물 섭취는 지방은 물론이고 다른 영양소보다 더 필요하다고 할 수 있다. 핵심은 자연에서 얻은 그대로의 천연 탄수화물을 섭취하는 것이다.

살을 찌게 하는 원인은 가공 식품과 지방이다. 가공 식품의 종류에는 밀과 같은 탄수화물 식품으로 구성되어 있는 경우가 많은데, 문제는 탄수화물이 아니라 그 식품에 들어 있는 지방과 각종 식품 첨가물이라는 사실이다.

나는 채식 초반에 요리할 때 오일을 사용하지 않고 대부분의 가공 식품을 먹지 않았다. 이때 살이 급속도로 가장 많이 빠졌다. 지방과 가공 식품 속의 첨가물이 살을 찌게 하는 주요 원인이라는 것을 그때 확실히 알게 됐다.

식물에도 단백질이 있다?!

채식을 하면 단백질을 어디서 얻는지 많은 사람들이 궁금해한다. 놀랍게도 단백질은 모든 채소와 과일에 (함유량이 다를 뿐) 들어 있다. (대표적으로 단백질이 많이 함유된 과일은 바나나, 오렌지 등이 있다.) 그래서 채소와 과일만 잘 챙겨 먹어도 일상에서 필요한 단백질을 충분히 섭취할 수 있다.

단백질 섭취에 대한 걱정과 우려는 단백질이 필수 영양소 중 하나로 불리기도 하고, 우리 몸을 구성하는 요소로 역할을 한다고 알려져 있기 때문인 것 같다. 그렇기 때문에 단백질 부족은 생존을 위협하는 요인으로 자연스럽게 인식되고, 단백질 결핍의 두려움으로 자연스럽게 이어지게 되는 것은 아닐까 싶다. 사실 따지고 보면 단백질만 중요한 것이 아니라 비타민이나 무기질도 우리 몸에 필수적이고 조금이라도 없으면 안 될 요소들인데, 다른 영양소에 비해 단백질만 유독 '절대로 없어서 안 될' 존재가 된 것만 같아 이상하게 느껴진다.

결론부터 이야기하자면 우리 몸은 극한의 상황에 처하는 경우가 아니라면 일반적으로 단백질 결핍은 일어나지 않는다. 심지어는 매일 단백질을 섭취하지 않아도 된다고 이야기하는 전문가들도 있다(물론 보디빌더, 성장기 아이들, 의사의 처방이 필요한 환자들은 예외다). 일단 우리 몸은 단백질을 우리가 생각하는 것보다 많이 필요로 하지 않는다. 단적인 예로 (일반적으로) 젖먹이를 키우기 위한 모유 전체 칼로리 중 단백질은 약 6%만이 차지한다고 한다. 단백질은 보통의 경우 손상된 세포를 대체하는 용도로 사용된다. 그리고 우리 몸에는 단백질 저장소가 있어, 단백질을 필요한 만큼만 사용하고 나머지는 저장했다가 필요할 때 재활용하는 시스템을 우리 몸은 갖추고 있기 때문에 우리는 단백질 부족 사태를 걱정하지 않아도 된다.

비타민B12는 걱정하지 마

채식을 할 때, 단백질과 더불어 결핍이 될까 봐 우려하는 대상이 하나 더 있다. 바로 비타민B12다. 나는 비타민B12에 대한 걱정을 하지 않는다. 일단 채식을 한 이후 비타민B12의 부족으로 인한 어떠한 증상도 내게 나타나지 않았을 뿐더러, 이미 비타민B12에 대해 알고 있었기 때문이다. 일단 비타민B12는 박테리아로부터 합성된다고 하는데, 우리 몸과 환경은 이미 미생물 천국이다. 우리 장 속뿐만 아니라 공기 중에도, 땅 속에도, 과일 껍질에도 미생물은 존재한다. 그래서 우리는 자연적으로 미생물을 통해 비타민B12를 얻게 된다. 햇빛만 잘 받으면 피부에서 합성되는 비타민D처럼 힘들이지 않고 얻게 되는 것이다. 그래서 비타민B12의 결핍을 걱정할 필요가 없다. 또한 비타민B12는 박테리아의 도움으로 합성되는 만큼 한국인의 주식인 발효 식품에 많이 존재한다. 이런 사실에도 비타민B12의 결핍이 걱정된다면, 자연산 식초, 된장, 간장 그리고 김치를 잘 먹으면 된다.

내가 건강을 위해 채식을 추천하는 이유는, 바로 식물에서만 발견이 되는 식이섬유 때문이다. 식이섬유는 탄수화물의 일종으로, 인간은 식이섬유를 소화하지 못한다. 그럼에도 불구하고 식이섬유 섭취를 강조하는 이유는 식이섬유는 우리가 건강할 수 있도록 돕는 장 속 미생물의 좋은 먹잇감이며, 몸을 살찌게 하거나 병들게 만드는 독소를 제거해 주는 몸 속 청소부이기 때문이다. 즉 '독소 지우개'라고 할 수 있다. 또한 식이섬유는 면역 체계를 활성화시켜 암세포를 찾아내서 공격하는 NKNatural Killer 세포를 증식시키는 데 도움을 준다.

채식 영양학은 나에게 채식이 옳다는 주장을 뒷받침하거나 채식을 옹호하기 위한 수단이 아니다. 채소와 과일이 가진 영양에 대한 공부는 그동안 잘못 알고 있거나 한쪽으로 치우친 영양에 대한 관심을 바로 잡고 균형 잡힐 수 있도록 도와 주는 중심점이 되었다. 채식 공부는 습관처럼 관심을 두지 않았던 음식의 본질에 대해 깊이 생각하고 깨닫게 하는 고마운 계기가 되었다. 그래서 채식을 하지 않더라도 채식 공부를 하는 것은 우리의 건강과 더 나아가 생활과 삶도 개선해 주는 좋은 기회가 될 수 있을 것이다.

에필로그

얼마 전, 부모님으로부터 긴급한 전화 한 통을 받았습니다. 강릉에 폭염주의보가 발령됐는데, 여름 휴가를 위해 강릉으로 내려온 우리 가족을 걱정하시는 어머니의 목소리가 들렸습니다. 저희는 대부분의 시간을 바닷가 가까운 곳에 머무르고 있어 폭염에 대한 안부가 피부로 와닿지 않았지만, 시내에 나갔을 때 어머니께서 걱정하셨던 이유를 알 수 있었습니다. 강하게 내리 쬐는 햇빛과 지글지글 끓고 있는 아스팔트 그리고 습기를 머금은 채 뜨겁게 데워진 공기로 강릉 시내는 건식과 습식 사우나를 반반 섞어 놓은 듯했습니다. 숨이라도 크게 들이쉬면 속이 다 익어 버릴 것 같은 상황은 난생 처음 겪어 보는 더위였습니다. 얼마 전, 안토니우 구테흐스 UN 사무총장은 "지구 온난화 시대가 끝나고 지구

열대화 시대가 시작됐으며, 대기는 숨쉬기 힘들다"며 경고를 했는데 그 말이 사실임을 온몸으로 절감하는 순간이었습니다.

여러 미디어에서 기후 위기의 원인으로 지목되는 온실가스를 줄일 수 있는 수단으로, 채식을 이야기하고 있습니다. 하지만 설문조사를 살펴보면, 채식에 대한 선호도는 기후 위기가 심각한 것에 비해 높지 않은 것으로 보입니다. 심지어 최근 조사에서는 오히려 육식의 비중이 더 늘어난 것으로 나타나기도 했습니다. 그런데 이런 사실이 당연하게 느껴지는 것은 왜일까요. 채식은 어렵다는 고정관념 때문일까요?

이제는 그런 고정관념에서 벗어났으면 좋겠습니다. 요즘의 채식은 듣기만 해도 참신하고 다양한 형태로 생겨나고 있으니까요. 고기를 먹지 말자고 하기보다는 '줄이자'고 주장하는 사람들도 생겨났습니다. 채식을 삶 전체의 고정된 방향으로 삼기보다는 자신의 삶의 일부로 받아들이고 즐기면서, 자신이 할 수 있는 범위 안에서 부담 없이 채식을 하는 모습입니다. 채식이 자신의 라이프 스타일 또는 성향 등에 맞춰 자유롭게 변하고 있습니다.

반드시 전통적인 채식주의를 고집하지 않아도 됩니다.

(물론 전통주의 채식을 선택하는 것도 나름의 의미를 갖습니다.) 매일 채식을 하지 않아도, 하루에 한끼만 채식을 해도, 일주일에 하루만이라도 채식을 해도 괜찮습니다. 자신의 건강과 우리의 환경에 대해 책임 의식을 지닌 행동 그 자체가 멋지다고 생각합니다. 자유롭게 채식하면서 서로가 가진 채식의 방식을 존중하고 이야기를 나눌 때 채식이 문화가 되고 사회적인 의식이 될 거라고 생각합니다. 채식은 실천 그 자체로 의미를 갖습니다.

끓는 지구 시대에서 채식은 더이상 선택 사항이 아닙니다. 자신의 건강한 생존을 위해 그리고 앞으로 아이들이 살아갈 미래를 위해 해야 할 일입니다. 채식은 누구나 할 수 있고, 그 방법도 열려 있습니다. 각자의 생각과 방식대로 스스로를 위해 실천하면 됩니다.

채식의 옳고 그름을 따지는 다툼은 이제 내려놓고 메뉴를 고르듯 편하게 채식을 오늘의 밥상으로 선택하는 여유를 가졌으면 좋겠습니다.

참고 문헌

단행본

- 강신호, 『왜 플라스틱이 문제일까? : 10대에게 들려주는 플라스틱 이야기』, 2021
- 더글라스 그라함, 김진영·강신원 옮김, 『산 음식, 죽은 음식』, 사이몬북스, 2020
- 비 윌슨, 이충호 옮김, 『식습관의 인문학 : 우리는 먹는 법을 어떻게 배우는가』, 문학동네 2017
- 유진규, 『맛의 배신』, 바틀비, 2018
- 존 맥두걸, 강신원 옮김, 『어느 채식의사의 고백』, 사이몬북스, 2017
- 존 맥두걸, 강신원 옮김, 『맥두걸 박사의 자연식물식』, 사이몬북스, 2019
- 콜린 캠벨·토마스 캠벨, 유자화 옮김, 『무엇을 먹을 것인가』, 열린과학, 2012

사이트

https://ivu.org/index.php/blogs/john-davis/121-dr-william-lambe-father-of-vegan-nutrition-and-his-vegan-biographer

https://ivu.org/index.php/blogs/john-davis/29-vegetarian-equals-vegan

https://vegsoc.org/about-us/history-of-the-vegetarian-society-early-history

http://www.incheonnews.com/news/articleView.html?idxno=410068

http://realfoods.co.kr/view.php?ud=20190507000196

https://www.sedaily.com/NewsView/260Z6A3GK7

https://health.chosun.com/site/data/html_dir/2021/07/14/2021071401813.html

https://vegsoc.org/about-us/world-history-of-vegetarianism/

https://www.ivu.org/history

https://www.vegansociety.com/about-us/history

https://www.madtimes.org/news/articleView.html?idxno=10562

https://www.kukinews.com/newsView/kuk202111240201

https://www.hani.co.kr/arti/animalpeople/human_animal/1038546.html